Lettres du Père Noël

2
Kisses
NORTH POLE POSTAGE

NORTH • POLE
POST

2
NORTH —— POLE
2

2

2
•1933X•
2

J.R.R. Tolkien

Lettres du Père Noël

Édition préparée par Baillie Tolkien

Traduction de l'anglais par Gérard-Georges Lemaire, revue par Céline Leroy

CHRISTIAN BOURGOIS ÉDITEUR

Note de l'éditeur

Quinze des trente lettres de cette nouvelle édition étaient jusqu'alors inédites en français. La traduction est de Gérard-Georges Lemaire revue par Céline Leroy (avec l'aide de Vincent Ferré).

First published by George Allen & Unwin 1976.
Revised edition first published by HarperCollins*Publishers* 1999.

All illustrated material in this book reproduced courtesy of The Bodleian Library, University of Oxford and selected from their holdings labelled MS Tolkien Drawings 36–68; 83, folios 1–65; and 89, folio 18

ISBN : 978-2-266-20000-4

Introduction

Pour les enfants de J.R.R. Tolkien, l'attrait et l'importance du Père Noël, au-delà même du remplissage des bas de laine le soir de Noël, résidaient dans la lettre qu'il leur écrivait chaque année, où il décrivait, en mots et en images, sa maison, ses amis et les événements, drôles ou alarmants survenus au Pôle Nord. La première de ces lettres arriva en 1920, alors que l'aîné, John, avait trois ans. Pendant plus de vingt ans elles continuèrent à arriver chaque Noël, suivant la croissance de ses trois autres enfants, Michael, Christopher et Priscilla. Les enveloppes, saupoudrées de neige et portant les timbres de la poste polaire, étaient parfois trouvées dans la maison le matin suivant sa visite ; d'autres fois c'était le facteur qui les portait ; à leur tour, les lettres que les enfants écrivaient disparaissaient de la cheminée quand il n'y avait personne dans les parages.

Avec le temps, la maisonnée du Père Noël s'agrandit et plus tard, l'Ours du Pôle Nord fut rejoint par des Elfes des Neiges, des Gnomes Rouges, des Bonshommes des Neiges, des Ours des Cavernes et les neveux de l'Ours Polaire, Paksu et Valkotukka, venus pour un court séjour et qui ne rentrèrent jamais chez eux. Mais l'Ours Polaire resta le premier assistant du Père Noël et fut toujours la cause principale des désastres provoquant toutes sortes d'erreurs et de confusions dans les bas de Noël. De plus, l'Ours Polaire insérait parfois dans les lettres ses commentaires, écrits en capitales anguleuses.

Le Père Noël finit par engager un Elfe nommé Ilbereth comme secrétaire. Dans les dernières lettres, les Elfes jouent un rôle important dans la défense de la maison et des caves du Père Noël contre les attaques des Gobelins.

Ce livre ne recense que quelques exemples de l'écriture tremblante du Père Noël. Cependant, presque tous les dessins qu'il a envoyés sont reproduits, tout comme l'alphabet que l'Ours Polaire tira des dessins faits par les Gobelins sur les murs des grottes où il était perdu. On trouve également la lettre écrite avec cet alphabet.

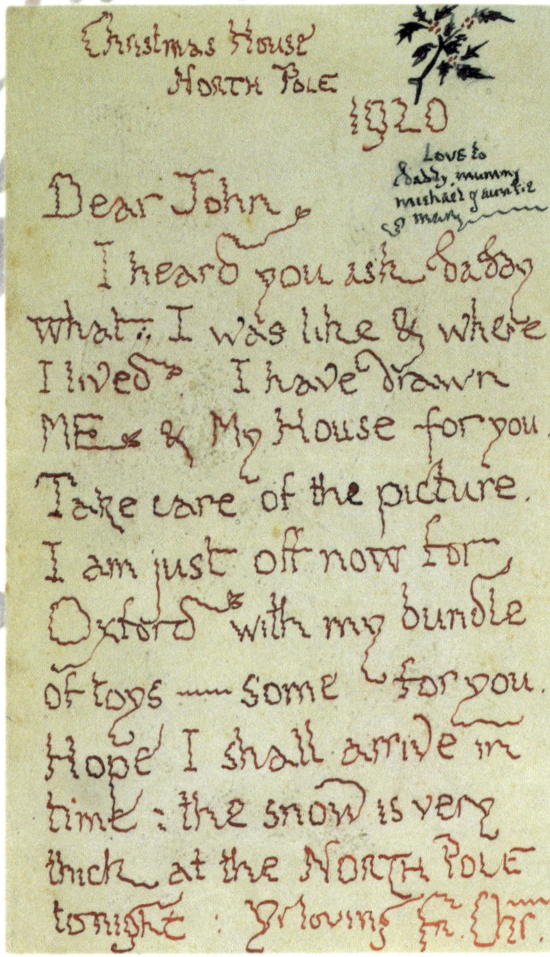
Christmas House
NORTH POLE
1920

Love to
daddy, mummy
michael & auntie
& mary

Dear John,
I heard you ask daddy what I was like & where I lived. I have drawn ME & My House for you. Take care of the picture. I am just off now for Oxford with my bundle of toys — some for you. Hope I shall arrive in time: the snow is very thick at the NORTH POLE tonight: Yr loving Fr. Chr.

Maison de Noël, Pôle Nord
22 décembre 1920

Cher John,

Je t'ai entendu demander à ton papa à quoi je ressemblais et où je vivais. J'ai fait pour toi un dessin me représentant, et un autre de ma maison. Je suis maintenant en route pour Oxford avec mon chargement de jouets – certains d'entre eux sont pour toi. J'espère arriver à temps : la neige est très épaisse au Pôle Nord ce soir.

Ton Père Noël qui t'aime

FROM FATHER CHRISTMAS
ME
FC
MY HOUSE
FC

Pôle Nord
Veille de Noël 1923

Mon cher John,

Il fait très froid aujourd'hui et ma main tremble beaucoup – je vais avoir dix-neuf cent vingt-quatre, non ! vingt-sept ans ! le jour de Noël – c'est bien plus que ton arrière-grand-père, donc je ne peux pas empêcher le stylo de trembloter, mais il paraît que tu es devenu si bon lecteur que je te crois capable de lire ma lettre.

Je t'envoie mes affectueuses pensées au cube (et au cube aussi pour Michael), ainsi qu'un jeu de cubes (il y en aura plus pour toi l'année prochaine si tu me le fais savoir à l'avance). Je pense qu'ils sont plus jolis, plus solides et plus soignés que les Picabrix.

J'espère donc qu'ils te plairont.

Je dois partir maintenant ; c'est une belle et douce nuit et j'ai des milliers de kilomètres à parcourir avant le matin – il y a tant à faire.

Un baiser froid du

Père Nicolas Noël

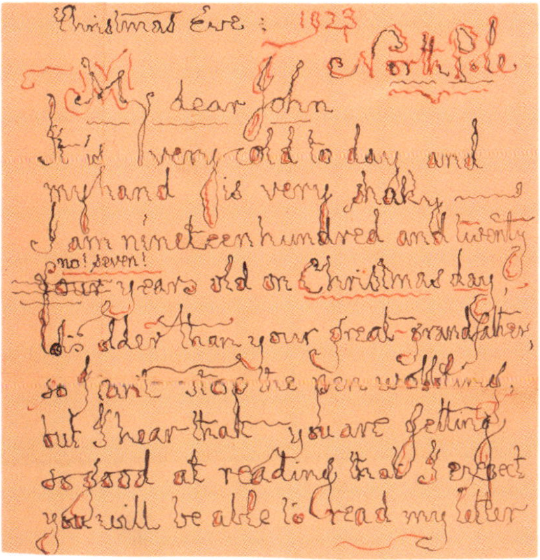

Christmas Eve: 1923

North Pole

My dear John

It is very cold to day and my hand is very shaky — I am nineteen hundred and twenty ~~four~~ no! seven! years old on Christmas day, It's older than your great grandfather, so I can't stop the pen wobbling, but I hear that you are getting so good at reading that I expect you will be able to read my letter

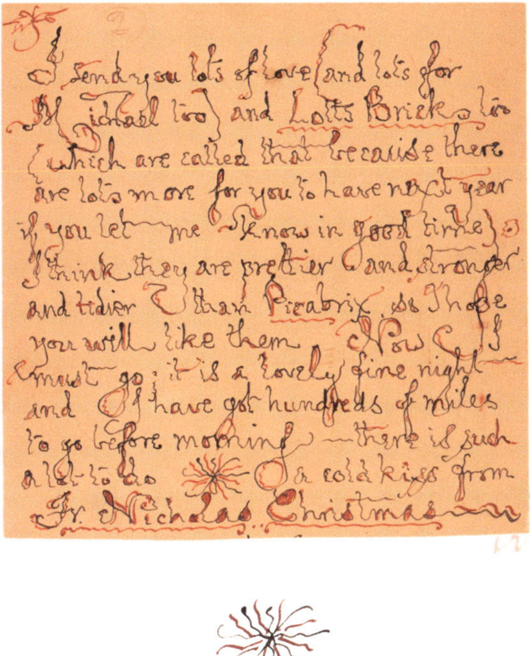

I send you lots of love (and lots for Michael too) and Lotts Bricks too (which are called that because there are lots more for you to have next year if you let me know in good time). I think they are prettier and stronger and tidier than Picabrix, so I hope you will like them. Now I must go: it is a lovely fine night and I have got hundreds of miles to go before morning — there is such a lot to do. A cold kiss from

Fr. Nicholas Christmas

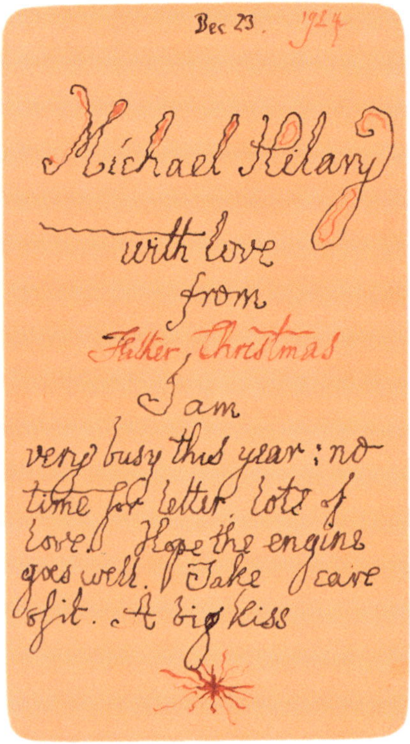
Dec 23. 1924

Michael Hilary

with love
from
Father Christmas

I am
very busy this year: no
time for letter. Lots of
love. Hope the engine
goes well. Take care
of it. A big kiss

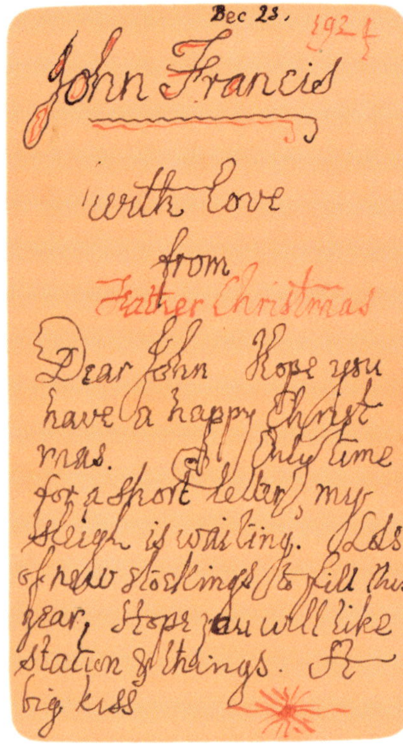
Dec 23. 1924

John Francis

with love
from
Father Christmas

Dear John Hope you
have a happy Christ-
mas. Only time
for a short letter, my
sleigh is waiting. Lots
of new stockings to fill this
year. Hope you will like
station & things. A
big kiss

Cher Michael Hilary,

Je suis très occupé cette année. Pas le temps pour une lettre. Mille tendresses. Espère que la locomotive marche bien. Prends-en soin. Un gros baiser.

Avec les affectueuses pensées du

Père Noël

23 décembre 1924

Cher John,

Espère que tu passes un joyeux Noël. N'ai que le temps d'une courte lettre, mon traîneau attend. Beaucoup de nouveaux bas à remplir cette année. Espère que tu aimeras la gare et le reste. Un gros baiser.

Avec les affectueuses pensées du

Père Noël

1924

N P N P
X 24
NORTH 1924 POLE
Master Michael Hilary Reuel Tolkien.
2 Darnley Road
West Park
Leeds

1925

Maison de la Falaise, Sommet du Monde,
près du Pôle Nord
Noël 1925

Mes chers garçons,

Je suis terriblement occupé cette année (quand j'y songe, ma main en tremble plus que jamais) et ne suis pas très riche ; en réalité, des choses horribles sont advenues et certains cadeaux ont été abîmés. Comme l'Ours du Pôle Nord n'a pas pu m'aider et que j'ai dû déménager juste avant Noël, vous pouvez donc imaginer dans quel état sont les choses, et vous comprendrez pourquoi j'ai une nouvelle adresse et pourquoi je ne peux écrire qu'une seule lettre pour vous deux.

Tout est arrivé de la façon suivante : par un jour très venteux de novembre dernier, mon capuchon s'envola et se planta au faîte du Pôle Nord. Malgré ma désaprobation, l'Ours du Pôle Nord grimpa jusqu'au sommet effilé pour le ramener, ce qu'il fit. Le pôle se brisa en son milieu, tomba sur le toit de ma maison, troua le plafond de la salle à manger dans laquelle l'Ours du Pôle Nord tomba avec mon capuchon sur le nez, et toute la neige glissa du toit, se répandit dans la maison, fondit, éteignit tous les foyers, s'engouffra dans les caves où je remisais les cadeaux de cette année, et l'Ours du Pôle Nord se cassa une patte.

Il va bien maintenant, mais j'étais si fâché contre lui qu'il dit qu'il n'essaiera plus de m'aider – je crois que son amour-propre est blessé mais devrait guérir avant le prochain Noël.

Je vous envoie un dessin de l'accident et un autre de ma nouvelle maison sur les falaises au-dessus du Pôle Nord (avec de magnifiques caves dans les falaises). Si John ne peut pas lire ma vieille écriture tremblante (vielle de mille neuf cent vingt-cinq ans) il doit demander à son père de la lui lire. Quand Michael va-t-il apprendre à lire, et quand apprendra-t-il à m'écrire ses propres lettres ? Plein d'affectueuses pensées à vous deux et à Christopher, dont le nom ressemble au mien.

C'est tout : Au revoir
Père Noël

P.S.
Père Noël était très pressé – il m'a dit d'ajouter un de ses pétards magiques à exaucer les vœux. Quand vous tirez, faites un vœu et attendez qu'il se réalise. Excusez cette

Xtmas 1925

Cliff House
Top of the world
Near the North Pole

Xtmas 1925

My dear boys I am dreadfully busy this year — it makes my hand more shaky than ever when I think of it — and I not very rich; in fact awful things have been happening, and some of the presents have got spoilt and I haven't got the North Polar bear to help me, and I have had to move house just before Christmas, so you can imagine what a state everything is in, and you will see why I have a new address and why I can only write one letter between you both. It all happened like this: one very windy day last November my hood blew off and went and stuck on the top of the North Pole. I told him not to, but the N.P. Bear climbed up to the thin top to get it down — and he did. The pole broke in the middle, and fell on the roof of my house, and the N.P. Bear fell through the hole it made into the diningroom with my hood over his nose and all the snow fell off the roof into the house and melted and put out all the fires and ran down into the cellars where I was collecting this year's presents, and the N.P. Bear's leg got broken. He is well again now, but I was so cross with him that he says he won't try to help me again. I expect his temper is hurt, and will be mended by next Christmas. I send you a picture of the accident, and of my new house on the cliffs above the N.P. (with beautiful cellars in the cliffs). If John can't read my old shaky writing (1925 years old) he must get his father to. When is Michael going to learn to read, and write his own letters to me? Lots of love to you both and Christopher, whose name is rather like mine.

That's all: Good bye Father Christmas

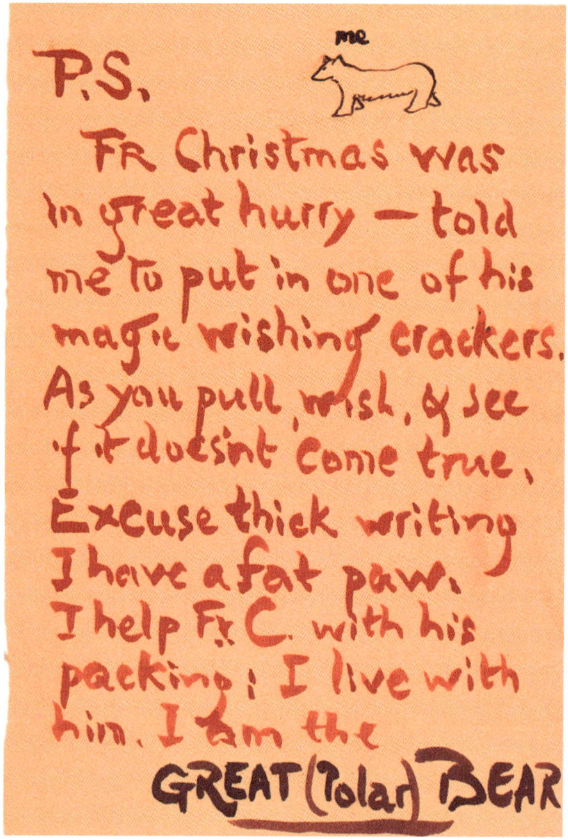
me

P.S.

Fr Christmas was in great hurry — told me to put in one of his magic wishing crackers. As you pull, wish, & see if it doesnt come true. Excuse thick writing I have a fat paw. I help Fr C. with his packing: I live with him. I am the

GREAT (Polar) BEAR

écriture épaisse, j'ai une grosse patte. J'aide Père Noël à faire ses paquets : je vis avec lui. Je suis le

GRAND OURS (Polaire)

1925
These stars shot—!
The moon laughed
this Star went red when Pole snapped
The N.P. Bear with my hood and a bit of the roof
N.P. broken.
lumps of roof on floor
Me! angry
my new house—
windows of new cellars
See where we put up new N. Pole on the old stumps joined on with red.
The star gone yellow again
my reindeer can climb up the cliff
my old house
Me! busy
1925

1926

Maison de la Falaise, Sommet du Monde, près du Pôle Nord
Lundi 20 décembre 1926

Mes chers garçons,

Je tremble plus que d'habitude, cette année. C'est la faute de l'Ours du Pôle Nord ! Ça a été la plus grosse explosion du monde et le feu d'artifice le plus monstrueux qui ait jamais existé. Le Pôle Nord en est devenu NOIR, et les étoiles en ont perdu leur place, la lune s'est brisée en quatre – et l'Homme qui y vit est tombé dans mon jardin, derrière la maison. Il a mangé bon nombre de mes chocolats de Noël avant de déclarer qu'il se sentait mieux, puis remonta réparer la lune et remettre de l'ordre dans les étoiles.

Ensuite, j'ai découvert que les rennes s'étaient échappés. Ils galopaient dans tout le pays, rompant les rênes et les cordes tout en envoyant les cadeaux dans les airs. Ils étaient emballés et prêts à être expédiés, voyez-vous – oui, c'est arrivé pas plus tard que ce matin : c'était un traîneau chargé de confiseries au chocolat, que j'envoie toujours en Angleterre avec un peu d'avance. J'espère que les vôtres ne sont pas trop endommagés.

Mais l'Ours du Pôle Nord n'est-il pas sot ? Et il n'est pas le moins du monde désolé ! Bien sûr c'est de sa faute – vous rappelez-vous que j'avais dû déménager l'année dernière à cause de lui ? Le robinet qui lance les feux d'artifice de Laure Orbeau Réale se trouve toujours dans la cave de mon ancienne maison. L'Ours du Pôle Nord savait qu'il ne devait jamais, jamais le toucher. Je ne l'ouvrais qu'en des jours particuliers comme Noël. Il dit avoir cru qu'il était coupé depuis notre déménagement.

Quoi qu'il en soit, ce matin peu après le petit déjeuner il rôdait autour des ruines (il y cache de la nourriture) et a allumé deux ans d'Aurores Boréales en un instant. On n'a jamais rien vu ou entendu de pareil. J'ai essayé de dessiner la scène, mais je tremble trop pour bien le faire et il est impossible de peindre de la lumière qui fuse, n'est-ce pas ?

Je crois que l'Ours Polaire a plutôt gâché l'image – il ne peut évidemment pas dessiner avec ses grosses et larges pattes –

Malappris ! Si, je peux – et j'écris sans trembler.

ajoutant çà et là ses croquis où je poursuis l'attelage de rennes et où il rit. Il a bien ri. J'ai ri à mon tour quand je l'ai vu essayer de dessiner les rennes et tacher d'encre ses jolies pattes blanches.

Père Noël a dû partir précipitamment et il me laisse terminer. Il est vieux et est préoccupé quand des choses amusantes arrivent. Vous auriez ri vous aussi ! Je crois que cela me fait du bien de rire.
C'était un beau feu d'artifice. Cette année, les rennes vont filer à toute allure en Angleterre. Ils ont encore peur !...

Christmas 1926

Cliff House
Top of the World
Near the NORTH POLE
Monday Dec. 1926 20th

My dear boys,

I am more shaky than usual this year. The North Polar Bear's fault! It was the biggest bang in the world, & the most monstrous firework there ever has been. It turned the North Pole BLACK & shook all the stars out of place, broke the moon into four — and the Man in it fell into my back garden. He ate quite a lot of my Xmas chocolates before he said he felt better & climbed back to mend it and get the stars tidy. Then I found out that the reindeer had broken loose. They were running all over the country, breaking reins and ropes & tossing presents up in the air. They were all packed up to start, you see, — yes it only happened this morning: it was a sleighload of chocolate things — which I always send to England early. I hope yours are not badly damaged. But isn't the N.P.B. silly? And he isn't a bit sorry! Of course he did it — you remember I had to move last year because of him? The tap for turning on the Rory Bory Aylis fireworks is still in the cellar of my old house. The N.P.B. knew he must never never touch it. I only let it off on special days like Christmas. He says he thought it was cut off since we moved — anyway he was nosing round the ruins this morning soon after breakfast (he hides things to eat there) and turned on all the Northern Lights for two years in one go. You have never heard or seen anything like it. I have tried to draw a picture of it; but I am too shaky to do it properly and you can't paint fizzing light can you?

I think the P.B. has spoilt the picture rather — of course he can't draw with those great fat paws — by going and putting a bit of his own in the middle about me chasing the reindeer and him laughing. He did laugh too. So did I when I saw him

rude. NPB
I can — and write without shaking

PTO

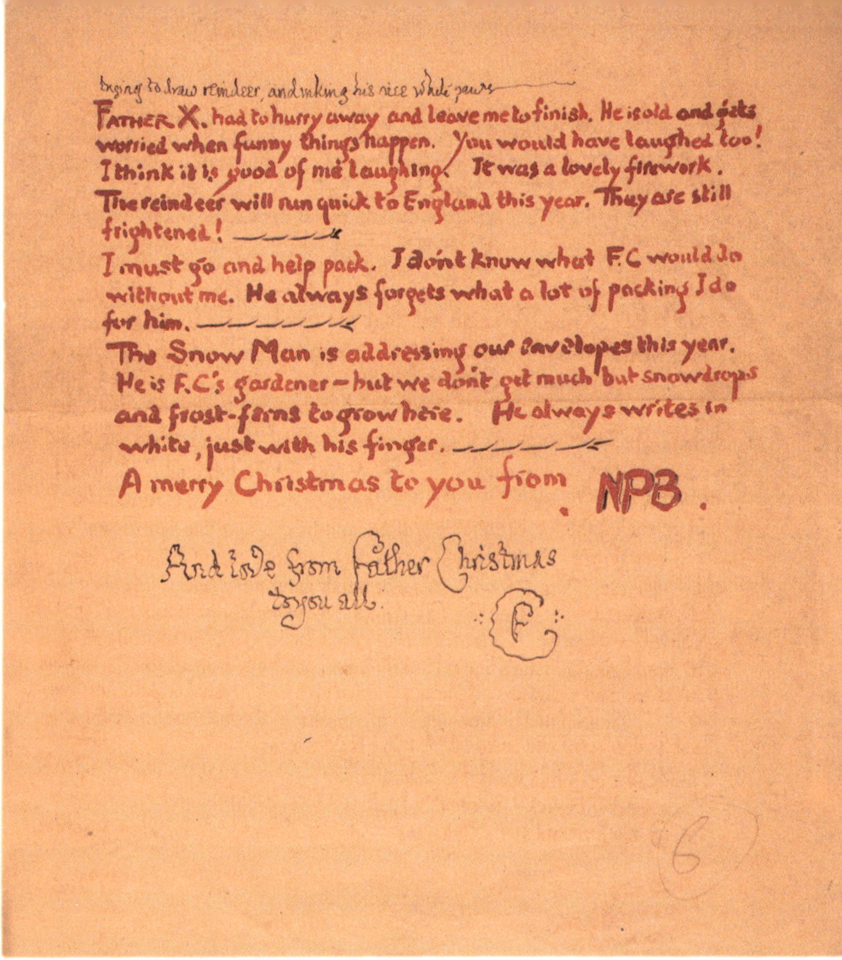
trying to draw reindeer, and inking his nice white paws ——

Father X. had to hurry away and leave me to finish. He is old and gets worried when funny things happen. You would have laughed too! I think it is good of me laughing. It was a lovely firework. The reindeer will run quick to England this year. They are still frightened! ——

I must go and help pack. I dont know what F.C would do without me. He always forgets what a lot of packing I do for him. ——

The Snow Man is addressing our envelopes this year. He is F.C's gardener – but we dont get much but snowdrops and frost-ferns to grow here. He always writes in white, just with his finger. ——

A merry Christmas to you from NPB.

And love from Father Christmas to you all.

FC

(6)

Je dois aider à faire les paquets. Je ne sais pas ce que le Père Noël ferait sans moi. Il oublie toujours que je fais quantité de paquets pour lui…

Le Bonhomme de Neige expédie les enveloppes cette année. C'est le jardinier du Père Noël – mais ici on ne fait pousser à peine plus que des flocons de neige et des fougères gelées. Il écrit toujours en blanc, directement avec un doigt…

Un joyeux Noël à vous de la part de l'Ours du Pôle Nord.

Et les affectueuses pensées du Père Noël pour vous tous

NPB
1926

My dear people:

Maison de la Falaise, Sommet du Monde, près du Pôle Nord
Mercredi 21 décembre 1927

Chers vous tous : vous semblez de plus en plus nombreux d'une année sur l'autre.

Je deviens de plus en plus pauvre : j'espère néanmoins être parvenu à vous apporter, à vous tous, quelque chose que vous désiriez, même s'il n'y a pas tout ce que vous m'aviez demandé (Michael et Christopher ! cette année, je n'ai pas eu de nouvelles de John. Je suppose qu'il devient trop grand et que bientôt il ne suspendra même plus son bas de laine).

Il fait un tel froid au Pôle Nord depuis quelque temps que l'Ours du Pôle Nord passe le plus clair de son temps à dormir et est moins utile ce Noël-ci que d'habitude.

Ici, en hiver, tout le monde dort la plupart du temps – surtout le Père Noël.

Le Pôle Nord est devenu plus froid que tout ce qui existe de froid et quand l'Ours du Pôle Nord y a posé le nez, cela lui a arraché la peau : maintenant il a un bandage en flanelle rouge. Pourquoi a-t-il fait cela ? Je ne sais pas, mais il met toujours son nez là où il ne devrait pas – dans mes placards, par exemple.

C'est parce que j'ai faim.

Il fait aussi très sombre par ici depuis le début de l'hiver. On n'a pas vu le Soleil, bien sûr, depuis trois mois, mais il n'y a pas d'Aurores Boréales cette année – vous vous souvenez de l'horrible accident de l'année dernière ? Il n'y aura aucune aurore jusqu'à la fin de 1928. L'Ours du Pôle Nord a demandé à sa cousine (et amie lointaine) la Grande Ourse de briller plus fort pour nous, et cette semaine, j'ai engagé une comète pour m'éclairer lorsque je fais mes paquets, mais cela ne marche pas aussi bien.

L'Ours du Pôle Nord n'a pas vraiment été plus raisonnable cette année.

J'ai été parfaitement raisonnable et j'ai appris à écrire avec une plume dans ma bouche au lieu d'un pinceau.

Hier, il roulait en boule le Bonhomme de Neige dans le jardin lorsqu'il l'a poussé par-dessus le bord de la falaise, en sorte qu'il est tombé dans mon traîneau, en bas, et il a brisé pas mal de choses – dont sa personne. J'ai utilisé une partie de ce qui restait de lui pour faire mon dessin en blanc. Nous allons devoir nous fabriquer un nouveau jardinier quand nous serons moins occupés.

L'Homme dans la Lune m'a rendu visite l'autre jour – il y a exactement quinze jours –, il le fait souvent à cette date, quand il se sent seul sur la Lune et on lui prépare un joli petit Gâteau aux Prunes (il aime tant ce qui est fourré aux prunes !).

Ses mains étaient froides comme à l'ordinaire et l'Ours du Pôle Nord l'a fait jouer au *snapdragons* [1] pour les réchauffer. Bien sûr, il s'est brûlé et s'est léché les doigts ; et comme il appréciait le cognac, l'Ours lui en a servi beaucoup plus et l'Homme s'est endormi rapidement sur le divan. Ensuite, je suis descendu dans les caves fabriquer des pétards ; il est tombé du divan sous lequel le méchant ours l'a poussé et l'y a complètement oublié ! Il ne doit jamais s'éloigner de la lune une nuit entière ; mais ce fut le cas cette fois-là.

---

1. Jeu typique de Noël : le joueur doit happer des raisins secs trempés dans du cognac brûlant. (*N.d.T.*)

On ne m'a jamais demandé jusqu'ici de m'occuper de l'Homme dans la Lune. J'ai été très gentil avec lui et il était très à son aise sous le divan.

Soudain le Bonhomme de Neige (il n'était pas encore en mille morceaux) est sorti du jardin en courant, c'était le lendemain après l'heure du thé, et a dit que la lune disparaissait ! Les dragons étaient sortis et crachaient d'horribles fumées et brouillards. Nous avons roulé l'Homme dans la lune de dessous le canapé et l'avons réveillé. Il a filé à toute allure, mais il lui a fallu une éternité pour tout remettre en ordre.

Je crois qu'il a tout simplement dû utiliser sa magie la plus terrifiquement froide avant de pouvoir repousser les dragons jusque dans leur trou et c'est pourquoi il fait maintenant si froid ici.

L'Ours du Pôle se contente de rire quand je lui dis que c'est de sa faute, il se roule en boule sur la carpette devant la cheminée et ne fait rien d'autre que ronfler.

Mes messagers m'ont dit que quelqu'un venu d'Islande séjourne chez vous. Ce n'est pas si loin d'où je vis et il y fait presque aussi froid. Là-bas, les gens ne suspendent pas de bas et j'y passe généralement à toute vitesse bien que j'y fasse parfois une halte pour déposer une chose ou deux pour leurs Arbres de Noël, qui sont très plaisants.

Mon trajet habituel me mène vers le sud en passant par la Norvège, le Danemark, l'Allemagne, la Suisse, puis je reviens de nouveau par l'Allemagne, le nord de la France et la Belgique jusqu'en Angleterre ; en rentrant chez moi, je survole la mer, parfois l'Islande et je peux voir les lueurs tremblotantes s'évanouir dans les vallées entre les montagnes. Mais je passe dans cette région aussi vite que le galop de mes rennes peut m'emporter – ils disent toujours qu'ils ont peur qu'un volcan ou qu'un geyser n'entre en éruption sous eux.

C'est tout : je vous ai écrit une très longue lettre cette année comme il n'y avait rien à dessiner en dehors de l'obscurité, de la neige et des étoiles.

Pensées affectueuses à tous, et beaucoup de joie pour l'année prochaine.

Votre Père Noël qui vous aime

These are blots which Fr Ch. could not rub out!!

I believe he had to let loose one of his simply terrificalest freezing magics before he could drive the dragons back into their holes, and that is why it has got so cold down here. The Polar Bear only laughs when I tell him it his fault, & he curls up on my hearthrug & won't do anything but snore.

My messengers tell me that you have somebody from Iceland staying with you. That is not so far from where I live & nearly as cold. People don't hang up stockings there, & I usually pass by in a hurry, though I sometimes pop down and leave a thing or two for their very jolly Christmas Trees. My usual way is down through Norway, Denmark, Germany, Switzerland, and then back through Germany, Northern France, Belgium, and so into England; & on the way home I pass over the sea, and sometimes Iceland, & I can see the twinkling lights faint in the valleys under their mountains. But I go by quick, as my reindeer gallop as hard as they can there — they always say they are frightened a volcano or a geysir will go off underneath them.

This must be all: I have written you a very long letter this year to make up for the dark card — there was nothing to draw, but dark & snow and stars. Love to you all, and happiness NEXT Year

Your loving

Father Christmas

*5. This is Fr Christmas's hearthrug and I am not on it NPB

My notes. NPB.

*1 Of course you know! and every body does sleep most of the time here in winter — especially Fr Ch.

*2. That's because I am hungry

*3 I have been perfectly sensible, and have learnt to write with a pen in my mouth instead of a paintbrush

like that

*4 I have never been expected to look after the man in the Moone before. I was very nice to him, & he was very comfy under the sofa

"Top o' the World" North Pole 1928

Sommet du Monde, Pôle Nord
Jeudi 20 décembre 1928

Mes chers garçons,

Un nouveau Noël, j'ai un an de plus – et vous aussi. Je suis toujours aussi bien portant – c'est très gentil de la part de Michael de le demander – et je tremble moins. Mais c'est parce que l'éclairage et le chauffage ont été rétablis après l'année froide et noire que nous avons eue en 1927 – vous en souvenez-vous ?

Je suppose que vous vous souvenez de qui ça a été la faute ? Comment se porte ce cher vieil ours et que pensez-vous qu'il ait fait cette fois-ci ? Rien d'aussi dramatique qu'éteindre toutes les lumières. Il s'est contenté de dégringoler les escaliers jeudi dernier !

Qui avait laissé le savon sur les marches ? Pas moi !

Nous commencions à sortir des réserves la première partie des paquets pour les mettre dans le vestibule. L'Ours Polaire a insisté pour en porter une pile énorme sur la tête et en prendre une grosse quantité dans les bras. Bing Bang Boum Plof ! Gémissements et grognements affreux.

J'ai couru jusqu'au palier, et j'ai vu qu'il avait dévalé les escaliers et qu'il était tombé sur le nez, laissant derrière lui un sillage de ballons, de ballots, de paquets et autres objets – en en écrasant certains dans sa chute. J'espère que vous n'avez pas reçu l'un d'eux par erreur. Je vous ai fait un dessin de la scène. L'Ours Polaire était plutôt grognon à l'idée que je la dessine :

Bien sûr, c'est normal.

Il dit que mes dessins de Noël se moquent toujours de lui et qu'une prochaine année il enverra une image dessinée par lui-même me représentant en train de faire l'idiot (bien entendu, ça n'arrive jamais et puis il ne sait pas assez bien dessiner).

Si, je sais. J'ai dessiné le drapeau à la fin.

Il m'a fait bouger le bras, du coup j'ai gâté le petit dessin de la lune en train de rire, avec en dessous, l'Ours Polaire lui montrant le poing.

Quand il s'est relevé il a couru dehors et a refusé d'aider à tout ranger parce que je me suis assis sur les marches pour rire dès que je me suis rendu compte qu'il n'y avait pas tant de dégâts que ça – c'est pourquoi la lune sourit : mais la partie montrant l'Ours Polaire en colère a été coupée parce qu'il l'a salie.

Mais quoi qu'il en soit, j'ai pensé que vous aimeriez avoir un dessin de l'intérieur de ma nouvelle grande maison, pour changer. Le hall principal se trouve sous le dôme le plus vaste, où nous entassons les cadeaux prêts à être chargés dans les traîneaux arrêtés devant les portes. L'Ours Polaire et moi l'avons construit presque entièrement nous-mêmes, le couvrant de carrelage bleu et mauve. Les rampes et le toit ne sont pas tout à fait droits…

Pas de ma faute. Le Père Noël a fait les rampes.

… mais cela n'a pas vraiment d'importance. J'ai peint des arbres, des étoiles, des soleils et des lunes sur les murs. Puis j'ai dit à l'Ours Polaire : « Je te confierai la frise (F.R.I.S.E.). »

Il a répondu : « Je pensais qu'il y avait assez de brise dehors – et vos couleurs à l'intérieur, pourpre-gris-bleuté-pâle-verdâtre, sont assez froides comme ça. »

J'ai rétorqué : « Ne sois pas balourd ; fais de ton mieux, comme le bon vieil ours que tu es » – et quel résultat ! Des glaçons tout autour du hall pour faire une brise (B.R.I.S.E.) (il ne sait pas très bien épeler), et des couleurs éclatantes effrayantes pour réchauffer la brise !!!

Eh bien, mes chers enfants, j'espère que vous aimerez ce que je vous apporte : presque tout ce que vous avez demandé et bien d'autres petites choses que vous n'avez pas réclamées et auxquelles j'ai songé à la dernière minute. J'espère que vous vous échangerez assez souvent les éléments du train, de la ferme et les animaux ; ne croyez pas qu'ils soient exclusivement pour celui qui les a trouvés dans son bas. Prenez-en soin car ce sont quelques-uns de mes plus beaux objets.

Un baiser à Chris, un baiser à Michael, un baiser à John qui doit beaucoup grandir puisqu'il ne m'écrit plus (j'ai tout bonnement dû opter pour des peintures au jugé – j'espère qu'elles lui plairont : l'Ours Polaire les a choisies ;
il dit qu'il sait ce que John aime
parce que John aime les ours).

Votre affectueux Père Noël

Et mes affectueuses
pensées, Ours Polaire

8

"Top o' the World"
NORTH POLE
Thursday December 20th
1928

My Dear Boys

ANOTHER CHRISTMAS and I am another year older — and so are you. I feel quite well all the same — very nice of MICHAEL to ask — and not quite so shaky. But that is because we have got all the lighting and heating right again after the cold dark year we had in 1927 — you remember about it? And I expect you remember whose fault it was? What do you think the poor dear old bear has been and done this time? Nothing as bad as letting off all the lights. Only fell from top to bottom of the main stairs on Thursday! We were beginning to get the first lot of parcels down out of the storerooms into the hall. P.B. would insist on taking an enormous pile on his head as well as lots in his arms. Bang Rumble Clatter Crash! awful moanings and growlings: I ran out on to the landing and saw he had fallen from top to bottom onto his nose leaving a trail of balls bundles parcels & things all the way down — and he had fallen on top of some and smashed them. I hope you got none of these by accident? I have drawn you a picture of it all. P.B. was rather grumpy at my drawing it: he says my Christmas pictures always make fun of him & that one year he will send one drawn by himself of me being idiotic (but of course I never am, and he can't draw well enough). He joggled my arm and spoilt the little picture at the bottom, of the moon

WHOO LEFT THE SOAP ON THE STARES? NOT ME!

OF COURSE NATURALLY

YES I CAN I DREW FLAG AT END.

Lendemain de Noël 1928

Je suis terriblement désolé – j'ai confié ce pli à l'Ours Polaire pour qu'il le poste et il l'a complètement oublié ! On l'a retrouvé sur la table de l'entrée – aujourd'hui.

Mais vous devez lui pardonner : il a travaillé très dur pour moi et est extrêmement fatigué. Nous avons été très occupés à Noël. Le vent souffle très fort ici. Plusieurs traîneaux ont été renversés avant de pouvoir partir.

De nouveau mon affectueux salut, Père Noël

1928 A MERRY CHRISTMAS FROM FATHER CHRISTMAS 1928

1929

Novembre 1929

Chers garçons,

Ma patte va mieux. Je me suis blessé en coupant des arbres de Noël. Ne pensez-vous pas que mon écriture s'est aussi améliorée ? Père Noël est déjà très okuppé. Moi aussi. Nous avons eu bôkou de la neige et kelkes uns de nos messagers ont été enzevelis et d'ôtres se sont perdus : c'est pourkoi vous n'avez pas eu de nouvels ces derniers temps.

Affectueuses pensées à John pour son anniversaire. Père Noël dit que mon ortographe n'est pas bonne. Je n'i peus rien. On ne parle pas français ici, mais arktik (que vous ne connaissez pas. Nous trassons aussi nos lettres de manière différente – j'ai écrit les miennes komme des lettres arktikes pour que vous voyiez. Nous êcrivons toujours ↑ pour T et V pour U. C'est un brain de lang arktike qui signifie : « Je vous dis au revoir et espère que je vais vous revoir bienteau. »
– Mâra mesta an ni véla tye ento, ya rato nea.

O. P.

Mon véritable nom est Karhu mais je ne le dis à preske personne.

P.S. J'aime les lettres et je pense ke celles de Cristofer sont biens.

PS I LIKE LETTERS AND THINK CRISTOFERS AR NICE.

15

NOV 1929

DEAR BOYS

MY PAW IS BETTER I WAS CUTTING CHRISTMAS TREES WEN I HURT IT. DON'T YOU THINK MY WRITING IS MUCH BETTER TOO? FATHER X IS VERY BISY ALREADY. SO AM I WE HAVE HAD HEVY SNOW AND SUM OF OUR MESSENGERS GOT BUERRIED AND SUM LOST: THAT IS WHI YOU HAVE NOT HERD LATELY. LOVE TO JOHN FOR HIS BIRTHDAY FATHER X SAYS MI ENGLISH SPELLING IS NOT GOOD. I KANT HELP IT. WE DONT SPEAK ENGLISH HERE, ONLY ARKTIK (WHICH YOU

DONT KNOW. WE ALSO MAKE OUR LETTERS DIFFERENT — I HAVE MADE MINE LIKE ARKTIK LETTERS FOR YOU TO SEE. WE ALWAYS RITE ↑ FOR T AND V FOR U. THIS IS SUM ARKTIK LANGWIDGE WICH MEANS "GOOD BY TILL I SEE YOU NEXT AND I HOPE IT WILL BEE SOON!" — MÁRA MESTA AN NI VÉLA TYE ENTO, YA RATO NEA

P.B.

MY REAL NAME IS KARHU BUT I DON'T TELL MOST PEEPLE.

MI PAW

Dear Boys & Girl

Sommet du Monde, Pôle Nord
Noël 1929

Chers garçons et chère fille,

Je suis heureux d'annoncer que nous avons de nouveau un Noël lumineux – les Aurores Boréales ont été particulièrement généreuses. J'ai beaucoup de choses à vous raconter. Vous savez que le Grand Ours Polaire s'est entaillé la patte en coupant des Arbres de Noël. Sa patte adroite (pas la gauche, donc). Bien sûr, quelle maladresse et quelle pitié, car il a passé une bonne partie de l'été à apprendre à mieux écrire pour m'aider à rédiger mes lettres hivernales.

Cette année nous avons eu un Feu de Joie (pour faire plaisir à l'Ours Polaire) afin de célébrer la venue de l'hiver. Les elfes des neiges ont lancé ensemble toutes les fusées, ce qui nous a surpris tous les deux. J'ai essayé de vous en faire un dessin, mais en fait, il y avait des centaines de fusées. Vous ne pouvez pas du tout voir les elfes sur le fond neigeux.

Le Feu de Joie a fait un trou dans la glace et a réveillé le Grand Phoque, qui se trouvait juste en dessous. Après quoi l'Ours Polaire a tiré 20 000 allumettes magiques argentées – il a vidé toutes mes réserves, voilà pourquoi je n'en ai aucune à vous envoyer. Puis il est parti en vacances !!! – dans le nord de la Norvège et il y a séjourné avec un bûcheron nommé Olaf, et en est revenu juste au début de la période chargée avec une patte bandée.

Il semble qu'il y ait plus d'enfants que jamais en Angleterre, en Norvège, au Danemark, en Suède et en Allemagne, les pays dont je m'occupe particulièrement (et bien entendu l'Amérique du Nord et le Canada) – sans parler des affaires que je descends au Pôle Sud pour les enfants qui espèrent qu'on s'occupe d'eux, bien qu'ils soient partis vivre en Nouvelle-

New Zealand

Australia or South Africa or China

North America & Canada

1929

Zélande, en Australie, en Afrique du Sud ou en Chine. C'est une bonne chose que les horloges n'indiquent pas la même heure dans le monde entier car je ne pourrais pas en faire le tour, même lorsque mes pouvoirs magiques sont à leur plus haut niveau – à Noël – je peux faire environ un millier de bas à la minute, si j'ai tout prévu à l'avance. Vous pouvez difficilement imaginer les énormes piles de listes que je dresse. Je les mélange rarement.

Mais je suis assez soucieux cette année. Dans mon bureau et dans l'atelier d'emballage, l'Ours Polaire dicte les noms et je les prends en note. Nous avons eu des rafales de vent horribles ici, pires que les vôtres, mettant en lambeaux des nuages de neige, hurlant comme des démons, ensevelissant ma maison presque jusqu'aux toits. Au pire moment, l'Ours Polaire a dit qu'il manquait d'air ! et il a ouvert une fenêtre donnant au nord avant que j'aie pu l'arrêter. Vous imaginez le résultat – l'Ours du Pôle Nord a été submergé par les papiers et les listes ; mais cela ne l'a pas empêché de rire.

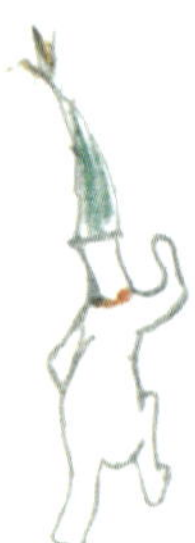

Mon encre rouge et mon encre verte, tout comme la noire, ont été renversées – j'écris donc à la craie et au crayon. Il me reste de l'encre noire mais l'Ours Polaire l'utilise pour mettre les adresses sur les colis.

J'ai aimé toutes vos lettres – vraiment beaucoup, mes chéris. Personne, ou très peu de monde, ne m'écrit autant ou si joliment. Je suis surtout heureux de la carte de Christopher, de ses lettres, et de voir comme il apprend à écrire : je lui envoie un stylo plume ainsi qu'une image spécialement pour lui. Elle me montre en train de traverser la mer sur la partie supérieure du vent du nord, tandis qu'une rafale de sud-ouest (les rennes la détestent) soulève de grosses vagues en bas.

C'est tout pour aujourd'hui. Je vous adresse tout mon amour. Un bas de plus à remplir cette année ! J'espère que vous aimerez votre nouvelle maison et les présents que je vous apporte.

Votre Vieux Père Noël

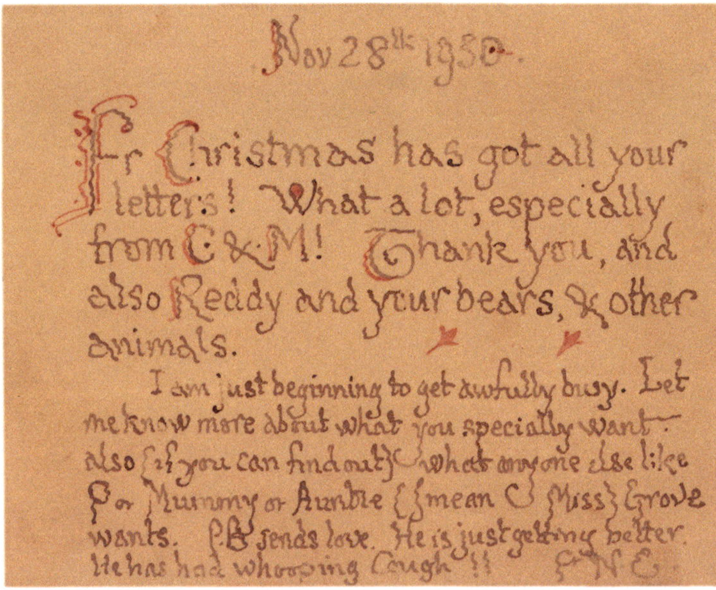
Nov 28th 1930.

Fr Christmas has got all your letters! What a lot, especially from C & M! Thank you, and also Reddy and your bears, & other animals.

I am just beginning to get awfully busy. Let me know more about what you specially want. also (if you can find out) what anyone else like D or Mummy or Auntie (I mean Miss) Grove wants. P.B. sends love. He is just getting better. He has had whooping cough!! F.N.C.

1930

28 novembre 1930

Le Père Noël a eu toutes vos lettres ! Il y en a beaucoup, surtout de la part de Christopher et de Michael ! Merci aussi à Reddy, à vos ours et autres animaux.

Je commence à être terriblement occupé. Faites-moi savoir ce que vous voulez précisément.

L'Ours Polaire vous envoie ses affectueuses pensées. Il va mieux maintenant. Il a eu la coqueluche ! !

Père Nicolas Noël

1930
Party of Snowboys & Polar-cubs to celebrate P.B's recovery.
P.B recovers!

My dears,

Sommet du Monde, Pôle Nord
Noël 1930
Pas terminée avant le réveillon de Noël, 24 décembre

Mes chéris,

J'ai apprécié toutes vos lettres. Je suis terriblement désolé de ne pas avoir eu assez de temps pour y répondre et, même à présent, je n'ai pas le temps de finir convenablement le dessin que je vous destinais ou de vous envoyer une longue lettre comme je l'aurais souhaité.

J'espère que vous aimerez vos bas cette année : j'ai essayé de trouver ce que vous avez demandé, mais les réserves ont été mises sens dessus dessous – voyez-vous, l'Ours Polaire a été malade. Pour commencer il a attrapé la coqueluche. Je ne pouvais pas le laisser m'aider à la confection des paquets et à leur triage, qui commencent en novembre – car ce serait tout bonnement horrible si l'un de mes enfants attrapait la coqueluche de l'Ours Polaire et aboyait comme lui le lendemain de Noël. J'ai donc dû faire moi-même tous les préparatifs.

Bien sûr, l'Ours Polaire a fait de son mieux – il a nettoyé et réparé mon traîneau et a pris soin des rennes tandis que j'étais occupé. Voilà comment ce très vilain accident est arrivé. Au début de ce mois, nous avons eu la plus terrible tempête de neige (il en est tombé près de deux mètres) suivie par un affreux brouillard. Le pauvre Ours Polaire est sorti pour se rendre dans l'étable des rennes, s'est perdu et a été presque enseveli : je ne me suis pas rendu compte de son absence, et ne l'ai pas cherché pendant un certain temps. Sa poitrine n'allait pas très bien depuis sa coqueluche. Effroyablement malade, il était alité il y a encore trois jours. Tout est allé de travers et il n'y a eu personne pour s'occuper correctement de mes messagers.

N'êtes-vous pas contents que l'Ours Polaire aille mieux ? Samedi, dès qu'il s'est senti mieux, nous avons reçu un groupe de Petits Garçons des Neiges (fils des Hommes des Neiges, les seules personnes vivant près d'ici – bien sûr pas des hommes faits de neige, bien que mon jardinier qui est le plus vieux des Hommes des Neiges dessine parfois un Bonhomme de Neige au lieu d'écrire son nom) et les oursons polaires (neveux de l'Ours Polaire).

Il n'a pas mangé beaucoup à l'heure du thé, mais quand le grand pétard a éclaté, il a jeté sa couverture, a sauté dans les airs et est bien portant depuis lors.

Je vous ai dessiné des images de tout ce qui s'est passé – l'Ours Polaire racontant des histoires après que toute la table eut été débarrassée ; moi en train de trouver l'Ours Polaire dans la neige, et l'Ours Polaire assis les pieds dans de la moutarde et de l'eau chaude pour arrêter ses tremblements. Cela n'a rien arrêté – et il a éternué de manière si terrible qu'il a éteint cinq bougies.

Mais il va bien maintenant – je le sais parce qu'il a recommencé ses tours : se disputant avec l'Homme des Neiges (mon jardinier) et le poussant à travers le toit de sa maison de neige ; et emballant des blocs de glace à la place des cadeaux, dans les colis destinés aux méchants enfants. Cela aurait pu être une bonne idée, seulement il ne m'a pas prévenu, et certains des paquets (avec de la glace) ont été placés dans des magasins chauffés et ont fondu sur les cadeaux des enfants sages !

Eh bien, mes chéris, il y aurait encore beaucoup de choses à vous raconter – sur mon Frère Vert et mon père, ce vieux Grand-Père Noël, et pourquoi nous avons été tous les deux baptisés Nicolas en souvenir du saint (dont la fête est le six décembre), qui avait coutume de faire des cadeaux secrets, jetant parfois des bourses d'argent par la fenêtre. Mais je dois me dépêcher – je suis déjà en retard et j'ai peur que nous n'ayez pas ce pli à temps.

Baisers à vous tous,

Père Nicolas Noël

P.S. (Chris n'a pas besoin d'avoir peur de moi).

1931.

Maison de la Falaise
31 octobre 1931

Chers enfants,

J'ai déjà reçu plusieurs lettres de vous ! Vous vous attelez à la tâche bien tôt. Je n'ai pas encore commencé à penser à Noël. Il a fait très chaud dans le Nord cette année, et il n'y a eu que très peu de neige jusqu'à présent. Nous sommes en train de remiser le bois pour Noël.

Tout ça pour dire que mes messagers vont venir régulièrement maintenant que l'Hiver a commencé (demain nous ferons un feu de joie) et que j'aimerais avoir de vos nouvelles : le dimanche soir

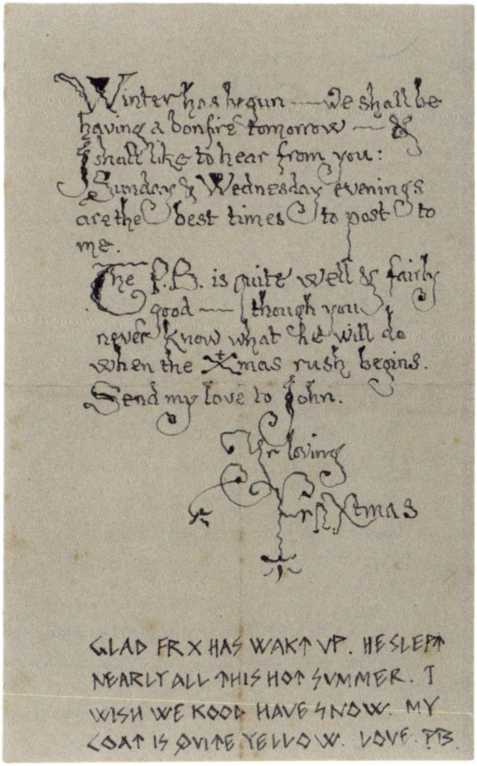

Winter has begun — we shall be having a bonfire tomorrow — & I shall like to hear from you: Sunday & Wednesday evenings are the best times to post to me.

The P.B. is quite well & fairly good — (though you never know what he will do when the Xmas rush begins.

Send my love to John.

Yr loving
Fr. Xmas

GLAD FR X HAS WAKT UP. HE SLEPT NEARLY ALL THIS HOT SUMMER. I WISH WE KOOD HAVE SNOW. MY COAT IS QUITE YELLOW. LOVE PB

et le mercredi soir sont les meilleurs moments pour m'envoyer un message.

L'Ours Polaire va assez bien et est relativement sage – (bien qu'on ne sache jamais ce qu'il va faire quand débute le remue-ménage de Noël).

Envoyez mes affectueuses pensées à John.

Votre affectueux
Père Nicolas Noël

Suis content que Père Noël se soie réveillé. Il a dormi presque tout cet été où il a fait si chaud. J'espère qu'on ora de la neige. Ma fourrure est assez jaune.

Baisers Ours Polaire

Maison de la Falaise, Pôle Nord
23 décembre 1931

Mes chers enfants

J'espère que vous aimerez les petites choses que je vous ai envoyées. Comme vous semblez des plus intéressés par les trains en ce moment, je vous envoie essentiellement ce genre de cadeaux. Je vous envoie comme toujours mes affectueuses pensées et plus encore. L'Ours Polaire et moi avons été ravis de recevoir tant de belles lettres de vous et de vos animaux domestiques. Si vous pensez que nous ne les avons pas lues, vous vous trompez ; mais si vous trouvez que peu de vos demandes ont été satisfaites, ou en tout cas moins que d'autres fois, souvenez-vous qu'à Noël, cette année, il y a beaucoup de gens pauvres et affamés dans le monde.

J'ai dû (et mon Frère Vert aussi) rassembler de la nourriture et des vêtements, des jouets aussi, pour les enfants dont les pères, les mères et les amis ne peuvent rien leur offrir, parfois pas même un repas. Je sais que vos parents et vos amis ne vous oublieront pas.

En somme, mes chéris, j'espère que vous serez heureux ce Noël, que vous ne vous disputerez pas et que vous vous amuserez bien tous ensemble avec votre train. N'oubliez pas le vieux Père Noël lorsque vous illuminerez votre arbre.

M'oubliez pas non plus !

Il a continué à faire chaud par ici comme je vous l'ai dit – pas ce que vous, vous appelleriez chaud, mais chaud pour le Pôle Nord, avec très peu de neige. L'Ours du Pôle Nord, si vous voyez de qui je parle, a été par conséquent paresseux et engourdi, très lent à faire les paquets, ou n'importe quelle tâche à part manger. Cette année, il s'est amusé à prendre des échantillons et à goûter les colis de nourriture (pour vérifier si elle était fraîche et bonne, disait-il).

Quelqu'un doit y penser – et j'ai trouvé des cailloux dans les résins.

Mais ce n'est pas le pire – je pourrais difficilement me rendre compte que c'est Noël s'il ne faisait pas quelque chose de ridicule. Vous ne devinerez jamais ce qu'il a fait cette fois ! Je l'ai envoyé dans une de mes caves – on l'appelle le Trou aux Pétards – où je conserve des milliers de boîtes de pétards (vous aimeriez les voir, une rangée au-dessus de l'autre, toutes avec leur couvercle ouvert pour montrer les différentes couleurs).

Eh bien, je voulais 20 boîtes, et j'étais occupé à trier des soldats et des éléments de la ferme ; je l'ai donc envoyé ; et il a été si paresseux qu'il a pris deux Petits Garçons des Neiges (qui n'ont pas le droit d'y descendre) pour l'aider. Ils ont commencé à sortir les pétards des boîtes, et il a essayé de les boxer (je veux parler des oreilles des garçons), ils se sont jetés de côté et l'ours a trébuché, faisant tomber sa bougie BOUM ! dans mes pétards de feux d'artifice et dans mes boîtes d'allumettes magiques.

J'ai entendu le bruit et senti l'odeur dans le vestibule ; quand je me suis précipité en bas, je n'ai vu que de la fumée et des étoiles filantes, et ce bon vieil Ours Polaire

17

Cliff House
North Pole
December 23rd 1931

My dear Children,

I hope you will like the little things I have sent you. You seem to be most interested in Railways just now, so I am sending you mostly things of that sort. I send as much love as ever, in fact more. We have both, the old P.B. and I, enjoyed having so many nice letters from you and your pets. If you think we have not read them you are wrong; but if you find that not many of the things you asked for have come, & not perhaps quite as many as sometimes, remember that this Christmas all over the world there are a terrible number of poor & starving people. I (& also my Green Brother) have had to do some collecting of food & clothes, and toys too, for the children whose fathers & mothers and friends cannot give them anything, sometimes not even dinner. I know yours won't forget you. So, my dears, I hope you will be happy this Xmas & not quarrel, & will have some good games with your Railway all together. Don't forget old Father Christmas, when you light your tree.*

NOR ME. N. P.B!

It has gone on being warm up here as I told you — not what you would call warm, but warm for the N. Pole, with very little snow. The N.P.B., if you know who I mean,** has been lazy & sleepy as a result, & very slow over packing, or any job except eating — he has enjoyed sampling and tasting the food parcels this year (to see if they were fresh & good, he said†). But that is not the worst — I should hardly feel it was Christmas, if he didn't do something ridiculous. You will never guess what he did this time! I sent him down into one of my cellars — the Cracker-hole we call it — where I keep thousands of boxes of crackers (you would like to see them, rows upon rows, all with their lids off to show the kinds & colours) — well, I wanted 20 boxes, & was busy sorting soldiers & farm things,

** SILLY

† SOMEBODY HAZ TO — AND I FOUND STONES IN SOME OF THE KURRANTS

se roulait sur le sol avec des étincelles enflammant sa fourrure : il en a une bonne partie de brûlée dans le dos.

Ça allait !
C'est là que Père Noël a renversé la sauce sur mon dos, pendant le dîner !

Les Petits Garçons des Neiges se sont tordus de rire et puis se sont enfuis. Ils ont dit que c'était magnifique à voir – mais ils ne viendront pas à la fête que j'organise le lendemain de Noël ; ils ont déjà eu plus que leur comptant de réjouissances.

Deux des neveux de l'Ours Polaire séjournent ici depuis quelque temps – Paksu et Valkotukka (cela signifie « gros » et « poil blanc », disent-ils). Ce sont des oursons au gros ventre, et ils sont très drôles quand ils se chamaillent et se roulent par terre. Mais une autre fois, ils viendront pour le lendemain de Noël et pas uniquement à la période des emballages. Je trébuchais sur eux quatorze fois par jour la semaine dernière.

Et Valkotukka a avalé une pelote de ficelle rouge, pensant que c'était un gâteau, le fil s'est emmêlé à l'intérieur de son corps et il a eu une mauvaise toux – il n'a pas pu dormir la nuit, mais j'ai trouvé que comme il avait mis du houx dans mon lit, c'était bien fait pour lui.

Hier, le même ourson a renversé toute l'encre noire dans le feu – pour faire de la nuit : la nuit arriva bel et bien, une nuit très odorante et très enfumée. Nous avons perdu Paksu pendant toute la journée de mercredi dernier, et on l'a retrouvé jeudi matin endormi dans un placard de la cuisine ; il avait mangé deux puddings entiers d'affilée. En grandissant, ils deviennent exactement comme leur oncle.

Pas juste !

Je vous dis au revoir, à présent. Je vais une fois de plus reprendre le cours de mes voyages. Vous ne devez pas croire aux dessins qui me montrent en avion ou dans des engins à moteur. Je ne peux pas les conduire, et je ne veux pas le faire ; et, sans parler des odeurs, ils sont trop lents comparés à mon attelage de rennes, que j'entraîne moi-même. Ils vont très bien cette année, et j'espère que mon courrier arrivera avec ponctualité. Ce Noël, j'ai quelques jeunes rennes venus de Laponie, (un grand endroit pour les sorciers : mais ceux-là sont des ARTIFICIERS).

C'est mauvais !

Un jour je vous enverrai un dessin de mes écuries pour rennes et de mes granges. J'espère que John, bien qu'il ait maintenant plus de 14 ans, suspendra son bas cette dernière fois ; mais je n'oublie pas les gens même s'ils ont passé l'âge, pas avant qu'ils ne m'oublient. Je vous envoie donc des BAISERS à vous TOUS, et surtout à la petite PM, et son premier bas de laine, j'espère que vous serez heureux.

Votre affectueux Père Noël

P.S. Tout est dessiné par l'Ours du Pôle Nord. Ne pensez-vous pas qu'il a fait des progrès ? Mais l'encre verte est à moi – et il ne me l'a pas demandée.

So I sent him; and he was so lazy he took two Snow-boys (who aren't allowed down there) to help him. They started pulling crackers out of boxes, and he tried to box them (the boys' ears I mean), and they dodged and he fell over, & let his candle fall right poof! into my fire-work crackers, & boxes of sparklers. I could hear the noise, & smell the smell, in the hall; & when I rushed down I saw nothing but smoke and fizzing stars, & old P.B. was rolling over on the floor with sparks sizzling in his coat: he has quite a bare patch burnt on his back*. The Snow-boys roared with laughter & then ran away. They said it was a splendid sight, but they won't come to my party on St Stephen's Day; they have had more than their share already.

THAT'S WHERE F.C. SPILLED THE GRAVY ON MY BACK AT DINNER'

IT LOOKED FINE

Two of the P.B.'s nephews have been staying here for some time — Paksu and Valkotukka ("fat" and "white-hair" they say it means). They are fat-tummied polar-cubs, & are very funny boxing one another, & rolling about. But another time, I shall have them on Boxing-day & not just at packing-time. I fell over them fourteen times a day last week. And Valkotukka swallowed a ball of red string, thinking it was cake, and he got it all wound up inside and had a tangled cough — he couldn't sleep at night, but I thought it rather served him right for putting holly in my bed. It was the same cub that poured all the black ink yesterday into the fire — to make night: it did, & a very smelly smoky one. We lost Paksu all last Wednesday & found him on Thursday morning asleep in a cupboard in the kitchen; he had eaten two whole puddings raw. They seem to be growing up just like their uncle.

NOT FAIR!

Goodbye now. I shall soon be off on my travels once more. You need not believe any pictures you see of me in aeroplanes or motors. I cannot drive one, & I don't want to; and they are too slow anyway (not to mention smell), they cannot compare with my own reindeer, which I train myself. They are all very well this year, & I expect my posts will be in very good time. I have got some new young ones this Christmas from Lapland (a great place for wizards; but these are WHIZZERS). One day I will send you a picture of my deer-stables and harness-houses. I am expecting that John, although he is now over 14, will hang up his stocking this last time, but I don't forget people even when they are past stocking-age, not until they forget me. So I send LOVE to you ALL, & especially little P.M., who is beginning her stocking-days, & I hope they will be happy.

BAD!

Your loving Father Christmas

1931 -32
N.P.B
KARHU
LOVE FROM KARHU, PAKSU, AND VALKOTUKKA.
V
This is all drawn by N.P.B. Don't you think he's getting better. But the green ink is mine — & he didn't ask for it.

FC making paste
PB very busy helping
Rough sketch of cracker accident. I had no time to do proper picture

1932

Maison de la Falaise, Pôle Nord
30 novembre 1932

Mes chers enfants,

Merci pour vos gentilles lettres. Je ne vous ai pas oubliés. Je suis très en retard cette année et très préoccupé – une chose très étrange est survenue. L'Ours Polaire a disparu et je ne sais où il est. Je ne l'ai pas vu depuis le début du mois, et je commence à m'inquiéter. Décembre, le mois de Noël, débute demain, et je ne sais vraiment pas comment faire sans lui.

Je suis heureux que vous alliez bien, vous et vos animaux de compagnie. Les vacances des Bébés des Neiges commencent demain. J'aimerais que l'Ours Polaire soit ici pour les garder. Affectueuses pensées à Michael, Christopher et Priscilla. Je vous prie d'envoyer mon affectueux salut à John quand vous lui écrirez.

Père Noël.

Cliff House
North Pole.

November 30th
1932.

My dear Children,

Thank you for your nice letters. I have not forgotten you. I am very late this year & very worried — a very funny thing has happened. The P.B. has disappeared, & I don't know where he is. I have not seen him since the beginning of this month, & I am getting anxious. Tomorrow December, the Christmas month, begins, & I don't know what I shall do without him.

I am glad you are all well, & your many pets. The snowbabies holidays begin tomorrow. I wish P.B. was here to look after them. Love to M.C. & P. Please send J. my love when you write to him.

Father N. Christmas.

Maison de la Falaise, près du Pôle Nord
23 décembre 1932

Mes chers enfants,

J'ai beaucoup de choses à vous raconter. Tout d'abord, Joyeux Noël ! Mais il y a eu une quantité d'aventures dont vous voudrez entendre l'histoire. Tout a commencé avec de drôles de bruits souterrains pendant l'été et sont allés de mal en pis. J'avais peur qu'un tremblement de terre survienne. L'Ours du Pôle Nord dit qu'il se doutait de ce qui n'allait pas depuis le début. J'aurais seulement aimé qu'il me le dise ; mais de toute façon, ça ne peut pas être tout à fait vrai, puisqu'il était profondément endormi quand tout a commencé, et qu'il ne s'est réveillé qu'aux environs de l'anniversaire de Michael.

Quoi qu'il en soit, un beau jour il est sorti se promener, je crois que c'était fin novembre, et il n'est jamais revenu ! Il y a environ deux semaines j'ai commencé à être vraiment inquiet, car après tout, ce vieux bougre est très amusant et m'est d'une aide précieuse, en dépit des accidents.

Un vendredi soir (le 9 décembre) on a tambouriné à la porte d'entrée et j'ai entendu un reniflement. J'ai pensé qu'il était revenu, et qu'il avait perdu la clef (comme souvent dans le passé) ; mais quand j'ai ouvert la porte il y avait un autre très vieil ours, un ours très gros et avec une drôle d'allure. C'était en fait le plus vieux des derniers ours des cavernes, le vieux M. Ours des Cavernes en personne (je ne l'avais pas vu depuis des siècles).

« Voulez-vous votre Ours du Pôle Nord ? dit-il. Si c'est le cas vous feriez mieux de venir le chercher ! » Il s'est avéré qu'il s'était perdu dans les cavernes (appartenant à M. L'Ours des Cavernes, à en croire ce dernier), non loin des ruines de mon ancienne maison. L'Ours Polaire affirme avoir découvert un trou sur le flanc d'une colline et y est entré parce qu'il neigeait. Il a glissé sur une longue pente, un grand nombre de rochers sont tombés derrière lui, et il a compris qu'il ne pouvait ni remonter, ni ressortir.

Presque aussitôt il a reniflé l'odeur des gobelins ! Cela l'a intéressé, et il a commencé son exploration. Pas très avisé, car s'ils ne peuvent pas lui faire de mal, leurs cavernes sont très dangereuses.

Naturellement il s'est très vite perdu, les gobelins ont éteint les lumières, et ont fait des bruits bizarres et de faux échos.

Les Gobelins sont pour nous assez similaires à ce que sont les rats pour vous, mais en pire, car ils sont très intelligents ; le seul avantage étant qu'ils sont, dans ces régions, très peu nombreux. Nous avons cru qu'il n'y en avait plus.

1932
A Merry Christmas
NC

Voilà longtemps, nous avons connu de grands problèmes avec eux – il me semble que c'était aux alentours de 1453 – mais nous avons reçu le secours des Gnomes, leurs pires ennemis, et les avons chassés.

Quoi qu'il en soit, notre pauvre Ours Polaire était perdu dans l'obscurité, au milieu d'eux, tout seul jusqu'à sa rencontre avec M. Ours des Cavernes (qui habite là). L'Ours des Cavernes voit très bien dans l'obscurité, et il a offert d'emmener l'Ours Polaire jusqu'à sa porte de derrière.

Ils sont donc partis ensemble, mais les gobelins étaient très agités et fâchés (l'Ours Polaire en avait mis KO un ou deux venus le bousculer dans l'obscurité, et leur avait dit de très vilaines choses) ; ils l'avaient fait s'éloigner en imitant la voix de l'Ours des Cavernes, qu'ils connaissent évidemment très bien. En sorte que l'Ours Polaire s'est retrouvé dans une partie très sombre et effrayante, comprenant beaucoup de galeries ; il a perdu l'Ours des Cavernes et l'Ours des Cavernes l'a perdu.

« De la lumière, voilà ce dont nous avons besoin », m'a dit l'Ours des Cavernes. J'ai donc pris une de mes torches étincelantes – que j'utilise parfois dans mes caves les plus profondes – et nous nous sommes mis en route cette même nuit.

Les cavernes sont merveilleuses. Je savais qu'elles se trouvaient là, mais ne connaissais ni leur nombre, ni leur grandeur. Bien sûr les gobelins se sont retranchés dans les trous et les coins les plus profonds, et nous avons vite trouvé l'Ours Polaire. La faim l'avait beaucoup amaigri, puisqu'il était resté dans les cavernes environ quinze jours. « Je devrais bientôt pouvoir me glisser dans un trou de gobelin », a-t-il dit.

L'Ours Polaire a lui-même été étonné quand j'ai éclairé les lieux ; car le plus remarquable est que les murs de ces cavernes sont tous recouverts de dessins, taillés dans le rocher ou peints en rouge, brun et noir.

Certains d'entre eux sont très beaux (surtout ceux d'animaux), certains sont bizarres et d'autres sont mauvais ; il y a beaucoup de signes étranges et de graffitis, certains à l'aspect déplaisant, et je suis sûr qu'il s'agit de magie noire.

L'Ours des Cavernes dit que ces grottes lui appartiennent, à lui ou à sa famille depuis l'époque de son arrière-arrière-arrière-arrière-arrière-arrière-arrière-arrière-arrière (fois dix)-grand-père ; les ours ont les premiers eu l'idée de décorer les parois, et avaient coutume de graver des images dans les parties tendres – pratique pour s'aiguiser les griffes.

Puis les Hommes sont arrivés – imaginez ça ! L'Ours des Cavernes dit qu'à un moment, il y en avait beaucoup dans ces parages, autrefois, quand le Pôle Nord était ailleurs. (Longtemps avant mon époque, et je n'ai même jamais entendu le vieux Grand-Père Noël en parler, je ne sais donc pas s'il raconte des blagues ou non.)

De nombreuses peintures ont été faites par ces hommes – les meilleures, surtout les grandes (qui sont presque grandeur nature) d'animaux, dont certains ont disparu depuis : il y a des dragons et beaucoup de mammouths. Les hommes ont aussi disposé quelques-uns de leurs signes et images noires, mais les gobelins ont griffonné un peu partout. Ils ne savent pas bien dessiner et quoi qu'il en soit ils préfèrent les formes bizarres et désagréables.

L'Ours du Pôle Nord était très excité de voir tout cela. « Ces gens des cavernes dessinaient mieux que vous, Papa Noël ; et ne pensez-vous pas que vos jeunes amis voudraient bien voir de vraiment belles peintures (surtout avec des ours dessinés comme il faut) pour une fois ? » a-t-il dit.

Plutôt malpolie pour une plaisanterie, ai-je pensé ; alors que je me donne beaucoup de mal avec mes dessins de Noël : certains ne se font pas en une minute ; et bien que je ne les envoie qu'à des amis proches, ces amis sont tout de même nombreux dans le monde. Pour lui montrer (et pour vous faire plaisir) j'ai recopié la paroi de la caverne principale sur une page entière, et je vous en adresse un exemplaire.

Ce n'est, peut-être, pas aussi bien dessiné que les originaux (qui sont beaucoup, beaucoup plus grands) – sauf la partie des gobelins, lesquels sont faciles à faire. Ce sont les seules que l'Ours Polaire peut vraiment reproduire. Il dit qu'il les préfère, mais c'est simplement parce qu'il peut les copier.

Les dessins de gobelins doivent être très anciens, car les combattants gobelins chevauchent des *drasils* : un genre très étrange de cheval « dashund » nain, qu'ils avaient l'habitude d'utiliser, mais ils ont disparu depuis longtemps. Je crois que les Gnomes Rouges les ont exterminés au temps d'Édouard IV, environ.

Les dessins d'animaux sont magnifiques. Le rhinocéros laineux a l'air très méchant. Les yeux du mammouth ont aussi un air mauvais. Ajoutés à cela, le bœuf, le cerf, l'ours, l'ours des cavernes (portrait du soixante et onzième ancêtre de M. Ours des Cavernes), et un autre genre d'ours polarisé, mais pas tout à fait polaire. L'Ours du Pôle Nord voudrait croire qu'il s'agit d'un de ses ancêtres ! Juste en dessous des ours se trouve ce qu'un gobelin peut faire de mieux en matière de dessin de renne !!!

Vous avez été si gentils de m'écrire (et en plus, de si belles lettres), que j'ai essayé de vous dessiner des images particulièrement belles cette année. Sur le haut de ma carte de Noël se trouve un dessin imaginaire, mais plus ou moins réaliste, de moi arrivant au-dessus d'Oxford. Votre maison est exactement là où se trouvent les trois petits points noirs se détachant des ombres, à droite. J'arrive du nord, et remarquez bien, PAS avec 12 paires de rennes comme on le voit dans certains livres. J'utilise en général 7 paires (14 est un si beau nombre), et à Noël, surtout si je suis pressé, je rajoute mes deux rennes blancs en tête.

Puis il y a un dessin de moi, de l'Ours des Cavernes et de l'Ours Polaire en train d'explorer les cavernes – je vous en dirai plus à ce sujet dans une minute. Ce que représente ce dernier n'a pas encore eu lieu. Cela ne va pas tarder. Le lendemain de Noël, quand toute la précipitation sera passée, je vais organiser une grande soirée : les petits-enfants de l'Ours des Cavernes (ils ressemblent exactement à des ours en peluche), des Bébés des Neiges, quelques-uns des enfants des Gnomes Rouges, et bien entendu les oursons polaires, dont Paksu et Valkotukka ; tous seront présents.

J'ai un nouveau pantalon vert. C'est un cadeau de mon Frère Vert, mais je le porte uniquement à la maison. Les gobelins détestent le vert, je le trouve donc très utile.

Vous voyez, quand j'ai secouru l'Ours Polaire, l'aventure n'était pas finie. Au début de la semaine dernière, nous sommes allés dans les caves chercher les objets destinés à l'Angleterre. J'ai dit à l'Ours Polaire : « Quelqu'un a changé les affaires de place. »

« Paksu et Valkotukka, je suppose », a-t-il répondu. Mais ce n'était pas eux. Le jour suivant c'était bien pire, surtout parmi les éléments du train, dont beaucoup paraissaient avoir disparu. J'aurais dû le deviner, mais l'Ours Polaire aurait aussi dû me faire part de ses soupçons.

Samedi dernier, nous sommes descendus et avons découvert que la cave principale était presque vide ! Imaginez mon état d'esprit ! Presque rien à envoyer à qui que ce soit, et trop peu de temps pour fabriquer assez de nouvelles choses.

« Je sens une forte odeur de gobelin », dit l'Ours Polaire. Bien sûr, c'était évident : ils aiment les jouets mécaniques (bien qu'ils les cassent rapidement, et en veulent encore, et encore) ; pratiquement tous les objets Hornby s'étaient

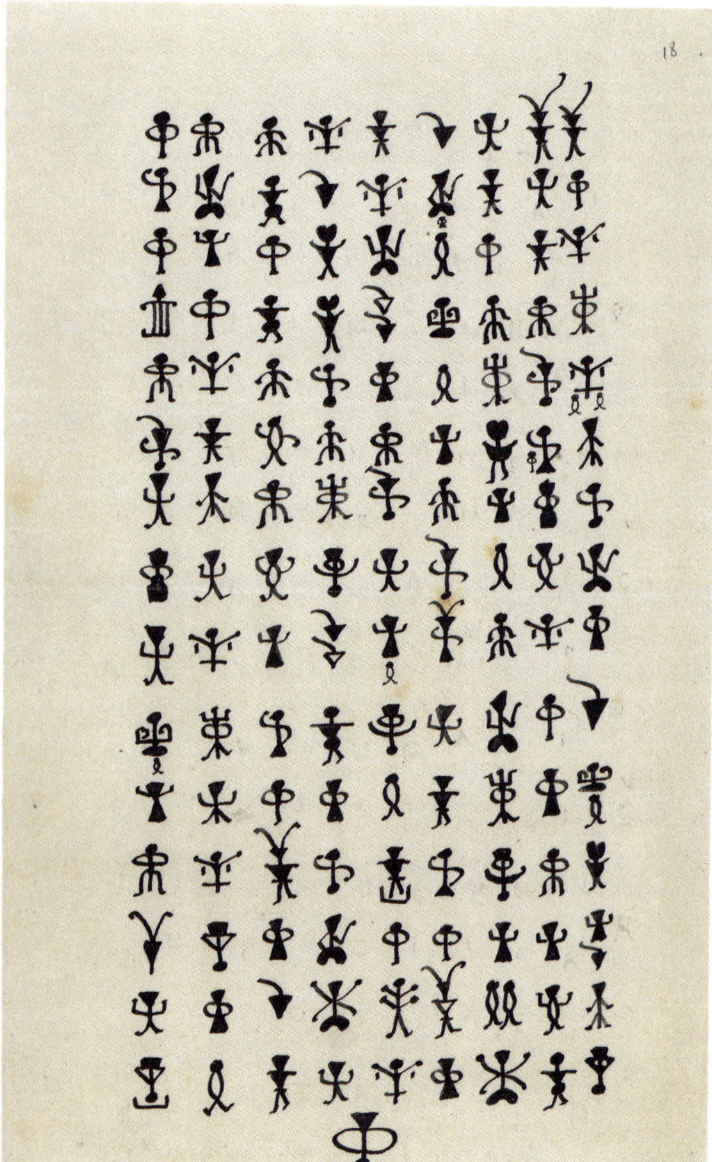
18

envolés ! Nous avons fini par découvrir un grand trou (trop étroit pour nous), conduisant à un tunnel derrière des cartons d'emballage dans la cave ouest.

Comme vous vous en doutez, nous nous sommes précipités pour trouver l'Ours des Cavernes et sommes retournés dans les cavernes. Nous avons compris la raison des bruits bizarres. Il y a longtemps, les gobelins avaient creusé un tunnel jusqu'à mon ancienne demeure (qui était presque en limite de leurs collines) et avaient volé pas mal de choses.

Nous en avons trouvé de plus de cent ans, y compris des paquets encore adressés à vos arrière-grands-parents ! Mais ils avaient été très intelligents, peu avides, et je ne l'avais jamais remarqué.

Depuis que j'ai déménagé, ils ont dû être très occupés à creuser jusqu'à ma Falaise, transperçant, trouant, traversant (en faisant le moins de bruit possible). Ils ont finalement atteint mes nouvelles caves, et la vue des objets Hornby a été trop pour eux : ils ont pris tout ce qu'ils pouvaient.

Je dois dire qu'ils étaient toujours très en colère à l'encontre de l'Ours Polaire. Ils pensaient aussi que nous ne pouvions pas les atteindre. Mais j'ai envoyé ma lumineuse fumée brevetée verte dans le tunnel, l'Ours Polaire l'a soufflée avec nos énormes soufflets de cuisine. Ils ont tout simplement hurlé et sont sortis à toute vitesse par l'autre extrémité (de la caverne).

Mais des Gnomes Rouges les y attendaient. Je les avais appelés spécialement – certaines familles de très vieille souche se trouvent encore en Norvège. Ils ont capturé des centaines de gobelins, et en ont poursuivi beaucoup d'autres dans la neige (qu'ils détestent). Nous les avons obligés à nous montrer où ils avaient caché les objets, ou à les rapporter, et le lundi nous avions presque tout récupéré. Les Gnomes s'occupent toujours des gobelins, et ont promis qu'il n'en restera pas un au Nouvel An – mais je n'en suis pas sûr : je pense qu'ils vont réapparaître dans un siècle, environ.

Nous avons été débordés de travail ; mais ce cher vieil Ours des Cavernes, ses fils et les dames-Gnomes nous ont aidés ; en sorte que nous avons très bien avancé et tout emballé. J'espère qu'aucun de vos cadeaux ne sent le gobelin. Ils ont tous été bien aérés. Quelques pièces du train manquent encore, mais j'espère que vous aurez ce que vous désirez. Je suis dans l'incapacité de transporter un chargement de jouets aussi gros que d'habitude cette année, car j'apporte beaucoup de vêtements et de nourriture (des choses utiles) : trop de gens dans votre pays et ailleurs ont faim et froid cet hiver.

Je suis heureux que le temps soit clément chez vous. Ici, il ne fait pas chaud. Nous avons eu de terrifiants vents glacés et de terribles tempêtes de neige, et mon ancienne maison est presque ensevelie. Mais je me sens très bien, mieux que jamais, et quoique ma main tremblote en tenant un crayon, en partie parce que je préfère le dessin (appris en premier) à l'écriture, je ne crois pas qu'elle tremble trop cette année.

Aujourd'hui, l'Ours Polaire a reçu le gribouillis de votre père et fut très surpris. Je lui ai dit que cela ressemblait à de vieilles notes de cours, et il a ri. Il pense qu'Oxford est un endroit insensé si les gens donnent des cours de ce genre : « mais je ne crois pas que quelqu'un écoute ça ». Les dessins lui ont davantage plu. « Le père de ces garçons a au moins essayé de dessiner des ours – même s'ils ne sont pas beaux. Bien sûr, tout cela n'a pas de sens, mais je vais y répondre », a-t-il dit.

Il a donc inventé un alphabet à partir des signes trouvés dans les cavernes. Il dit que c'est plus beau que les lettres ordinaires, les Runes, ou l'alphabet polaire, et qu'il convient mieux à sa patte. Il écrit avec le bout de son porte-plume ! Il vous a envoyé une courte lettre avec cet alphabet – pour vous souhaiter un très Joyeux Noël, beaucoup de bon temps pour cette nouvelle année et bonne chance à l'école. Comme vous êtes tous intelligents maintenant (dit-il), à apprendre le latin, le grec, le français… vous lirez sa lettre facilement et verrez que l'Ours Polaire vous envoie beaucoup d'affectueuses pensées.

Je n'en suis pas sûr. (De toute façon, je me permets de dire qu'il vous enverra un exemplaire de son alphabet si vous le lui demandez. Au fait, il l'écrit verticalement de haut en bas : ne lui dites pas que je vous ai révélé son secret.)

C'est l'une de mes plus longues lettres. Quels événements palpitants. J'espère que vous serez heureux d'entendre cette histoire. Toute mon affection à John, Michael, Christopher et Priscilla ; et aussi Maman, Papa, Tantine et ceux de chez vous. Je pense que John sentira qu'il doit abandonner maintenant le bas, et laisser la place aux nouveaux enfants qui sont arrivés en nombre depuis qu'il a commencé à suspendre le sien ; mais Père Noël ne l'oubliera pas. Soyez tous bénis

Votre affectueux Nicolas Noël.

Nr. North Pole.
Dec. 2nd. 1933.

Près du Pôle Nord
2 décembre 1933

Chers amis,

Fait enfin très froid ici. Les affaires ont vraiment commencé, et nous travaillons dur. J'ai reçu une sacrée quantité de lettres de vous. Merci. J'ai pris note de ce que vous voulez jusqu'à présent, mais pense recevoir encore de vos nouvelles – je manque de messagers – les gobelins ont… – mais je n'ai pas le temps de vous raconter maintenant les raisons de notre agitation. J'espère trouver le temps de vous envoyer une lettre plus tard.

Transmettez à John mes affectueuses pensées quand vous le verrez. Je vous en envoie à tous et, en plus un baiser à Priscilla – dites-lui que ma barbe est assez belle et douce, car je ne me suis jamais rasé.

Trois semaines jusqu'au soir de Noël !

Votre Père Nicolas Noël

Réjouissez-vous les chéris (aussi la chérinette, si le féminin de « chéri » existe).
La fête va commencer !

Votre Ours Polaire

Yrs Father N. Christmas

Maison de la Falaise, près du Pôle Nord
21 décembre 1933

Mes très chers,

Un Noël de plus ! et j'ai presque pensé (en novembre) qu'il n'y en aurait pas cette année. En dehors du 25 décembre, rien de la part de votre vieil arrière arrière-etc.-grand-père du Pôle Nord.

Les gobelins. La pire attaque depuis des siècles. Ils sont terriblement violents et très remontés depuis la récupération des jouets volés l'année dernière et l'administration d'une bonne dose de fumée verte. Vous vous rappelez que les Gnomes Rouges avaient promis de les faire disparaître. On n'en a trouvé aucun, ni dans les trous ni dans les cavernes le jour du Nouvel An. Mais j'ai dit qu'ils allaient resurgir – dans un siècle environ.

Ils n'ont pas attendu si longtemps ! Ils ont dû être très occupés tout l'été à rassembler leurs méchants amis des montagnes du monde entier, alors que nous dormions profondément. Cette fois, c'est arrivé presque sans prévenir.

Juste après la Toussaint, Ours Polaire était très agité. Maintenant, il dit qu'il avait senti de très mauvaises odeurs – mais comme d'habitude il ne m'a pas prévenu : il dit qu'il ne voulait pas m'ennuyer. Vraiment, quelle bonne vieille bête, et cette fois, il a vraiment sauvé Noël. Il a pris l'habitude d'aller dormir dans la cuisine, le nez tourné vers la porte de l'escalier principal qui descend jusqu'à mes grands entrepôts.

Un soir, à peu près au moment de l'anniversaire de Christopher, je me suis réveillé en sursaut. On entendait des couinements et des crachotements dans la pièce et il y avait une odeur horrible – dans ma plus belle chambre, la verte et violette, que je venais de faire remettre à neuf de la plus merveilleuse façon. J'ai aperçu un vilain petit visage à la fenêtre. J'ai alors été très surpris, car elle est placée très haut au-dessus de la falaise, et cela signifiait qu'il y avait des gobelins à dos de chauves-souris dans les parages – ce que nous n'avions pas vu depuis la guerre des gobelins en 1453, dont je vous ai parlé.

J'étais à peine éveillé lorsqu'un terrible tintamarre a commencé en bas. Ce serait trop long de tout décrire, j'ai donc essayé de dessiner ce que j'ai vu quand je suis descendu – après avoir piétiné un gobelin allongé sur la carpette.

Sôf qu'il y avait plutôt quelque chose comme 1000 gobelins, et pas 15.

(Vous n'espérez tout de même pas que j'en dessine 1 000.) Ours Polaire serrait, écrasait, piétinait, boxait et envoyait les gobelins dans les airs, rugissait comme tout un zoo, et les gobelins sifflaient comme des locomotives. Il était magnifique.

Arrêtez – je me suis follement amuzé !

Eh bien, c'est une longue histoire. Les ennuis ont duré deux semaines, et je croyais ne jamais pouvoir sortir mon traîneau cette année. Les gobelins avaient incendié une partie des entrepôts et capturé plusieurs gnomes (qui dorment là pour monter la garde). L'Ours Polaire et d'autres gnomes sont entrés – et en ont tué 100 avant mon arrivée.

Même une fois le feu éteint, les caves et la maison nettoyées (je n'arrive pas à comprendre ce que les gobelins faisaient dans ma chambre, voulaient-ils mettre le feu à mon lit), les ennuis ont continué. Grâce à la lune, nous avons vu que l'extérieur était noir de gobelins, et qu'ils avaient démoli mes écuries et étaient partis avec les rennes.

J'ai dû sonner de mon clairon doré (ce que je n'avais pas fait depuis de nombreuses années) pour rameuter tous mes amis. Il y a eu plusieurs batailles (chaque nuit ils revenaient attaquer et incendier les entrepôts) avant que nous ne reprenions le dessus, et je crains qu'un grand nombre de mes chers elfes n'aient été blessés.

Heureusement nous avons perdu peu de choses, en dehors de ma plus belle ficelle (or et argent), du papier d'emballage et des boîtes en houx. Il m'en reste très peu : et il m'a manqué beaucoup de messagers. Nombre de mes gens sont encore dans la nature (j'espère qu'ils vont revenir sains et saufs) à chasser les gobelins hors de mes terres, ceux qui sont encore en vie.

Mes gens ont délivré tous les rennes. Nous sommes assez contents ; à présent réinstallés, nous nous sentons beaucoup plus en sécurité. Nous n'aurons plus de problèmes avec les gobelins avant des siècles au moins. Grâce à l'Ours Polaire et aux gnomes il ne doit pas en rester beaucoup.

Et grâce au Père Noël. J'aimerais savoir dessiner ou avoir le temps de m'y essayer – vous n'avez pas idée de ce que le vieil homme peut faire ! Illuminassions, foux d'artifices et tonnerre de poudre !

L'Ours Polaire a donné un coup de main, un double coup de main même – mais, dans sa précipitation, il a mélangé certaines des affaires des filles avec celles des garçons. Nous espérons avoir tout ordonné – mais si vous apprenez que quelqu'un a reçu une poupée alors qu'il voulait une locomotive, vous saurez pourquoi. En fait l'Ours Polaire me dit que j'ai tort – nous avons perdu pas mal d'éléments pour le train – les gobelins en sont toujours friands – et ce que nous avons récupéré a été endommagé et devra être repeint. Nous serons très occupés l'été prochain.

Une fois de plus, je vous souhaite un joyeux Noël. J'espère que vous passerez un très bon moment, verrez que j'ai pris bonne note de vos lettres et vous ai envoyé ce que vous désiriez. Je ne trouve pas mes images très bonnes cette année – bien que j'aie passé beaucoup de temps sur chacune d'elles (au moins deux minutes). L'Ours Polaire dit : « Je ne crois pas qu'un grand nombre d'étoiles et d'images de gobelins dans votre chambre à coucher soient si effroyablement joyeuses. » J'espère que vous apprécierez tout de même. Mais la partie représentant l'Ours Polaire en plein combat est assez bien ; c'est tout lui. Quoi qu'il en soit, je vous adresse toute mon affection.

Votre Père Nicolas Noël

Pour toujours et tous les ans

P F.C B
Christmas 1933

1934

! ! Au messager : À porter sur le champ et ne vous arrêtez pas en chemin ! !

Sur-le-champ ! Urgent Exprès !

Mon cher Christopher,

Merci ! Je suis réveillé – et je le suis depuis longtemps. Mais mon bureau de poste n'ouvre pas avant la Saint-Michel. Je n'enverrai pas mes messagers régulièrement avant le 15 octobre, environ. Il y a beaucoup de choses à faire ici. Ton télégramme (c'est pourquoi je t'envoie une réponse exprès), ta lettre et celle de Priscilla ont été trouvés presque par hasard : pas par un messager mais par Hommecloche (je ne sais pas pourquoi il porte ce nom puisqu'il n'en sonne jamais ; c'est l'inspecteur de ma cheminée et il commence toujours à travailler dès que les premiers feux sont allumés).

Je vous embrasse, Priscilla et toi. (L'Ours Polaire, si vous vous souvenez de lui, dort toujours profondément et est devenu très mince après avoir tant jeûné. Il va vite soigner ça. Je vais bientôt lui chatouiller les côtes pour le réveiller ; et puis il avalera les petits déjeuners de plusieurs mois en une seule fois).

Je vous embrasse très fort,

Votre affectueux Père Noël

My dear Christopher

Maison de la Falaise, Pôle Nord
Le soir de Noël 1934

Mon cher Christopher,

Merci beaucoup pour tes nombreuses lettres. Je n'ai pas eu le temps cette année de t'écrire une aussi longue lettre qu'en 1932 et en 1933, mais absolument rien d'excitant n'est arrivé. J'espère que tu aimeras ce que je vais apporter et que cela sera assez proche de ce qu'il y avait sur tes listes.

Très peu de nouvelles : après la terrible affaire de l'année dernière, il n'y a pas la moindre odeur de gobelin à trois cents kilomètres à la ronde. Mais comme je l'avais prévu, il nous a fallu une bonne partie de l'été pour réparer tous les dégâts et nous avons perdu pas mal de sommeil et de repos.

Quand novembre est revenu, nous n'avions pas envie de nous remettre au travail, nous étions assez lents et avons donc dû nous dépêcher sur la fin. Il a aussi fait inhabituellement chaud pour le Pôle Nord et encore maintenant, l'Ours Polaire n'arrête pas de bâiller.

Paksu et Valkotukka sont ici depuis longtemps. Ils ont bien grandi – entre deux périodes où ils essayent de donner un coup de main, ils arrivent encore à faire des bêtises assez terribles. Cette année, ils ont volé mes peintures et ont peint des gribouillis sur les murs blancs des caves ; ils ont mangé toute la compote de fruits pour les tourtes de Noël ; hier encore, ils ont ouvert la moitié des paquets pour jouer avec les éléments des trains !

Ils ne s'entendent pas bien avec les oursons des Cavernes ; plusieurs d'entre eux sont arrivés aujourd'hui et restent ici quelques nuits avec le vieil Ours Brun des Cavernes, leur oncle, grand-oncle, grand-père, arrière-grand-oncle, etc. Paksu les asticote sans cesse parce qu'ils sont toujours en train de couiner et de grogner bizarrement : l'Ours Polaire doit les calotter souvent – et une « calotte » de l'Ours Polaire n'a rien d'une plaisanterie.

Comme il n'y a pas de gobelin dans les parages ni de vent, et qu'il y a beaucoup moins de neige que d'habitude, nous allons organiser une grande fête pour le lendemain de Noël… dehors. Je vais inviter 100 elfes et gnomes rouges, des oursons polaires, des oursons des Cavernes et des bébés des neiges, et bien entendu, Paksu et Valkotukka, l'Ours Polaire, l'Ours des Cavernes et ses neveux (etc.) seront là.

Nous avons transporté un arbre depuis la Norvège et l'avons planté dans un étang de glace. Mon dessin ne rend pas bien compte de sa taille ou de la beauté de ses lumières magiques multicolores. Nous les avons essayées hier soir pour voir si elles marchaient. Si tu vois une lueur briller au nord, tu sauras ce que c'est !

Il y a des plantes des neiges derrière l'arbre et de grosses quantités de neige tassée, façonnée pour servir d'ornement – elle est pourpre et noire à cause de l'obscurité et de l'ombre. Le bord de l'étang de glace est aussi particulier – il a été fait avec de la vraie glace colorée. Paksu et Valkotukka sont déjà en train de la grignoter, bien qu'ils ne devraient pas le faire… avant la fête.

Ours Polaire a commencé à dessiner la scène pour m'aider, puisque j'étais très occupé, mais il a fait de grosses taches – d'énormes taches. J'ai dû lui venir en aide. Pas très bon cette année. Peu importe : cela ira peut-être mieux l'année prochaine.

J'espère que tu aimeras tes cadeaux et que tu seras très heureux.

Ton affectueux

Père Noël

P.S. Je ne me souviens pas exactement en quelle année je suis né. Je doute que quelqu'un le sache. Je change toujours d'avis à ce sujet. C'était il y a plus ou moins 1934 années de cela. Sois béni ! PN

P.P.S. Embrasse Mick et John pour moi.

OURS POLAIRE AFFECTIONS ET MILLE MERCIS

Christmas 1934
FC.

1935

24 décembre 1935
Pôle Nord

Mes chers enfants,

Me revoilà. Noël semble revenir assez tôt cette année : toujours identique mais toujours différent. Pas d'encre cette année et pas d'eau, donc pas d'images peintes ; ai aussi les mains très froides, donc une écriture très tremblotante.

L'année dernière il faisait très chaud, mais cette année il fait un froid effrayant – de la neige, de la neige, de la neige et de la glace. Nous avons tout bonnement été ensevelis, les messagers ont perdu leur chemin et se sont retrouvés en Nouvelle-Écosse, si vous savez où ça se trouve, au lieu de l'Écosse ; et OP, si vous savez qui c'est, n'a pas pu rentrer à la maison.

Voici un dessin de l'état de ma maison environ une semaine avant que l'écurie des rennes n'ait été déblayée. Nous avons dû creuser un tunnel jusqu'à la porte d'entrée. Il n'y a que trois fenêtres en haut qui brillent à travers des trous – et il y a de la vapeur venant du dôme et du toit, là où fond la neige.

24 December 1935 36 1

North Pole

My Dear Children:

Here we are again. Christmas seems to come round pretty soon again: always much the same and always different. No INK this year and no water, so no painted pictures; also very cold hands, so very wobbly writing. Last year it was very warm, but this year it is frightfully cold — snow, snow, snow, and ice. We have been simply buried, messengers have got lost and found themselves in Nova Scotia, if you know where that is, instead of in Scotland; and P.B. if you know who that is, could not get home. This is a picture of

SILLY

my house about a week ago before we got the reindeer sheds dug out. You can see the tunnel we had to make to the front door. There are only three windows upstairs

Voici une vue depuis la fenêtre de ma chambre à coucher. Bien sûr, la neige qui tombe n'est pas bleue – mais le bleu représente le froid. Vous comprenez pourquoi vos lettres ont voyagé lentement. J'espère les avoir toutes reçues et que, quoi qu'il en soit, les bons cadeaux vous parviendront.

Le pauvre vieil OP, si vous voyez de qui je parle, a dû partir peu après les premières chutes de neige, au mois dernier. Il avait des problèmes familiaux : Paksa et Valkotukka étaient malades. Il sait soigner tout le monde sauf lui.

Mais c'est un chemin terriblement long sur la glace et dans la neige – jusqu'au nord du Groenland. Et une fois arrivé, il n'a pas pu revenir. Je suis donc assez en retard, d'autant plus que les écuries des rennes et les magasins à l'extérieur sont sous la neige.

J'ai dû faire appel à bon nombre d'Elfes Rouges pour m'aider. Ils sont très gentils et très amusants ; mais malgré leur rapidité, ils n'avancent pas très vite car ils transforment tout en jeu. Même creuser la neige. Et ils vont jouer avec les jouets qu'ils sont censés emballer.

OP, si vous vous souvenez de lui, n'est pas revenu avant le vendredi 13 décembre – qui,

shining through holes — but you can see steam where the snow is melting off the dome and roof. This a view from my bedroom window. Of course snow

coming down is not blue — but blue is cold. You can understand why your letters were slow in going. I hope I got them all, and anyway that the right things arrive for you.

SILLY AGAIN

Poor old P.B. (you who I mean) had to go away soon after the snow began last month. There was some trouble in his family, and Paksu & Valkotukka were ill. He is very good at doctoring anybody but himself. But it is a dreadfully long way over the ice and snow — to North Greenland I believe. And when he got there he could not get back. So I have been rather held up, especially as the Reindeer stables and the outdoor store sheds are snowed over. I have had to have a

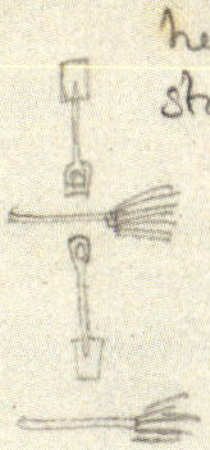

lot of Red Elves to help me. They are very nice & great fun; but although they are very quick they don't get on fast, for they turn everything into a game. Even digging snow. And they will play with

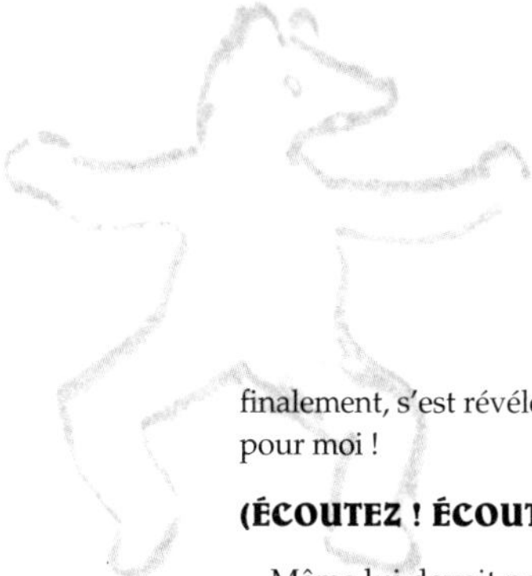

finalement, s'est révélé être un jour de chance pour moi !

(ÉCOUTEZ ! ÉCOUTEZ !)

Même lui devait porter un manteau en peau de mouton et des gants rouges pour ses pattes, ainsi qu'un capuchon et des gants rouges. Il trouve qu'il ressemble assez à Rye St. Anthony. Mais bien entendu ce n'est pas vraiment le cas. Quoi qu'il en soit, il transporte des choses dans son capuchon – il a rapporté son éponge et son savon enveloppés dedans !

Il dit que nous n'en avons pas encore fini avec les gobelins – malgré les batailles de 1933. Ils n'oseront pas encore venir sur mes terres ; mais pour je ne sais quelle raison, ils sont en train de se reproduire et de se multiplier dans le monde entier. Quelle terrible nouvelle. Mais ils ne sont pas si nombreux que ça en Angleterre, dit-il. Je suppose qu'ils vont bientôt me faire des ennuis.

J'ai donné à mes elfes de nouvelles allumettes magiques qui vont leur faire une peur bleue. Nous sommes aujourd'hui le 24 décembre et ils n'ont pas fait leur apparition cette année – pratiquement tout est emballé et prêt. Je ne vais pas tarder à me mettre en route.

Je vous envoie – John, Michael, Christopher et Priscilla – à tous mon affection et mes meilleurs

SILLY AGAIN

the toys they are supposed to be packing. P.B., if you remember him, did not get back until Friday December the 13th — so that proved a lucky day for me (HEAR HEAR!) after all. Even he had to wear a sheepskin coat & red gloves for his paws. And he had got a hood on and red gloves. He thinks he looks rather like Page St Anthony But of course he does not very much. Anyway he carries things in his hood — he brought home his sponge and soap in it!

He says that we have not seen the last of the goblins — in spite of the battles in 1933. They won't dare to come into my land yet; but for some reason they are breeding again and multiplying all over the world. Quite a nasty outbreak. But there are not so many in England, he says. I expect I shall have trouble with them soon. I have given my elves

Some new magic sparkler spears that will scare them out of their wits. It is now December 24 and they have not appeared this year — and practically everything is packed up and ready. I shall be starting soon

vœux pour ce Noël : des tonnes de meilleurs vœux. Donnez-en un peu si vous ne les voulez pas tous ! L'Ours Polaire (si vous ne comprenez pas ce que signifie OP) vous embrasse – ainsi que les Bingos, l'Ours Orange et Jubilé. (Eh oui, je reçois beaucoup de nouvelles, même pendant la saison des Neiges.) Mes messagers seront dans les parages jusqu'au Nouvel An, environ, si vous souhaitez m'écrire et me dire que tout était en ordre.

J'espère que le spectacle de Noël vous plaira.

Votre affectueux
Père Noël

P.S. Paksu et Valkotukka se portent mieux. Ce n'était que les oreillons. Ils seront présents à ma grande fête, le lendemain de Noël, avec les autres oursons polaires, les oursons des cavernes, les bébés des neiges, les elfes et tous les autres.

1935

4

I send you all — John & Michael & Xtopher & Priscilla — my love and good wishes this Xmas: tons of good wishes. Pass on a few if you don't want them all!

STUPID JOKE

Polar Bear (in case you don't know what P.B. is) sends love to you — and to the Bingos and to Orange Teddy and to Jubilee (O yes I learn lots of news even in Snowy weather)

PB

☞ My messengers will be about until the New Year if you want to write and tell me everything was all right. I hope you enjoy the

PANTOMIME

Your loving Father Christmas

PS P & V are well again. Only Mumps. They will be at my big party on St Stephen's Day with other polar cubs, cave cubs, snowbabies, elves, and all the rest

1936

Maison de la Falaise
Pôle Nord
Mercredi 23 décembre 1936

Mes chers enfants,

Je suis désolé de ne pas pouvoir vous envoyer une longue lettre pour vous remercier de votre courrier, mais voici un dessin qui vous expliquera presque tout. C'est une bonne chose que vos listes modifiées soient arrivées avant ces événements affreux, sinon je n'aurais rien pu faire. J'espère que vous aimerez ce que je vous apporte et que vous excuserez toutes les erreurs, et j'espère que tout aura séché ! Je suis encore si tremblant et perturbé que je vais demander à l'un de mes elfes d'écrire plus longuement à propos de tout cela.

Je vous adresse toute mon affection

Père Noël dit que vous voudrez quelques informations. L'Ours Polaire se porte plutôt bien – ou se portait plutôt bien – malgré une certaine fatigue. Tout comme Père Noël ; je pense que le travail de Noël est devenu trop lourd pour eux.

Beaucoup d'entre nous, les elfes rouges et verts, sont donc venus vivre de manière permanente dans la Maison de la Falaise pour apprendre à faire les emballages. C'était l'idée de l'Ours Polaire. Il a aussi inventé le système du nombre : chaque enfant à la charge du Père Noël reçoit un nombre, et nous, les elfes, nous les apprenons par cœur ainsi que toutes les adresses. Cela épargne pas mal d'écriture. Tant d'enfants ont le même nom que les paquets devaient aussi porter l'adresse. L'Ours Polaire dit : « Je vais avoir une année-record et aider Père Noël à prendre de l'avance pour que nous puissions nous amuser le jour de Noël. »

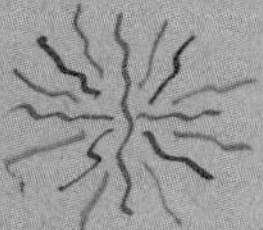

Cliff House.
North Pole
Wednesday Dec. 23rd
1936

My dear Children

I am sorry I cannot send you a long letter to thank you for yours, but I am sending you a picture which will explain a good deal. It is a good thing your changed lists arrived before these awful events, or I could not have done anything about it. I do hope you will like what I am bringing and will forgive any mistakes, & I hope nothing will still be wet! I am still so shaky and upset. I am getting one of my elves to write a bit more about things. I send very much love to you all.

Father C. says you will want to hear some news. P.B has been quite good — (or had been — though he has been rather tired. So has F.C. I think the Christmas business is getting rather too much for them. So a lot of us, red and green elves, have gone to live permanently at Cliff House, and be trained in the packing business. It was P.B's idea. He also invented the number system, so that every child that F.C. deals with has a number and we elves learn them all by heart, and all the addresses. That saves

Nous avons tous travaillé très dur et vous serez très surpris d'entendre que chaque colis était emballé et numéroté le samedi (19 décembre). Alors, l'Ours Polaire a dit : « Je suis épuisé : je vais aller prendre un bain chaud et me coucher tôt. »

Eh bien, vous pouvez imaginer ce qui est arrivé. Père Noël faisait une dernière inspection de la Salle des Livraisons pour l'Angleterre vers 10 heures, quand de l'eau a coulé du plafond et a tout mouillé ; il y avait près de vingt centimètres d'eau au sol. L'Ours Polaire s'était simplement installé dans la baignoire en laissant les deux robinets grands ouverts et s'était vite endormi profondément avec une patte sur le tuyau d'écoulement. Il dormait depuis deux heures lorsque nous l'avons réveillé.

Père Noël était vraiment fâché. Mais l'Ours Polaire s'est contenté de dire : « J'ai fait un beau rêve. J'ai rêvé que je plongeais d'un iceberg à la dérive et que je chassais les phoques. »

Après avoir vu les dégâts, il a dit : « Eh bien, il y a une chose : ces enfants de la rue du Pôle Nord, à Oxford (il dit toujours ça), vont peut-être perdre quelques-uns de leurs cadeaux, mais ils auront cette année une lettre qui vaut la peine d'être lue. Ils aiment les plaisanteries, eux, même si ce n'est pas votre cas ! »

Cela a rendu Père Noël encore plus furieux et Ours Polaire a répliqué : « Eh bien, faites-en un dessin et demandez-leur si c'est drôle ou pas. » Et c'est ce qu'a fait le Père Noël. Mais il commence à trouver ça drôle, lui aussi (bien que très ennuyeux), maintenant que nous avons réparé les dommages et que les cadeaux anglais sont remballés. Juste à temps. Nous sommes tous assez fatigués, excusez donc cette écriture griffonnée.

Salutations, Ilbereth, secrétaire du Père Noël

Très désolé. Été très okupé. Ne peux pas trouver cet alphabet. Chercherai après Noël et vous l'enverrai. Avêk toute mon affexion, Ours Polaire

Je l'ai retrouvé. Je vous envoie un exemplaire.

.P.B.

Yrs F.C

Best wishes for 1937 from F.C & P.B
Xtmas 1936 : F.C.
TIMES
560,783
560,784
A Merry Christmas

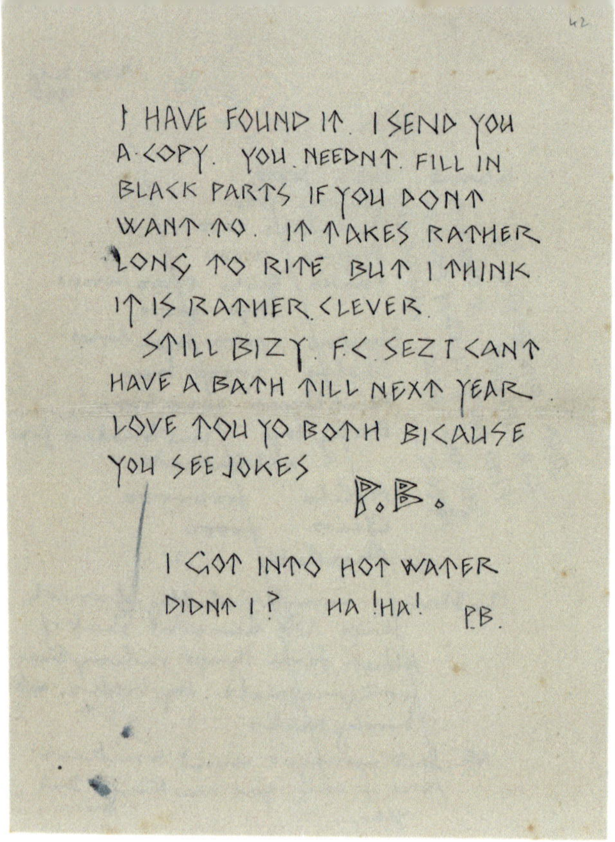

42

I HAVE FOUND IT. I SEND YOU A COPY. YOU NEEDNT FILL IN BLACK PARTS IF YOU DONT WANT TO. IT TAKES RATHER LONG TO RITE BUT I THINK IT IS RATHER CLEVER.

STILL BIZY. F.C. SEZ I CANT HAVE A BATH TILL NEXT YEAR.

LOVE TOU YO BOTH BICAUSE YOU SEE JOKES

P.B.

I GOT INTO HOT WATER DIDNT I? HA !HA! P.B.

Vous n'avez pas besoin de remplir les parties en noir si vous ne le voulez pas. Cela prend pas mal de temps pour lé crire mais je crois que c'est assez malin.

Toujours okupé. Père Noël dit que je suie privé de bain jusqu'à l'année prochaine.

Je vous embrasse tous, kar vous, vous comprenez lé plaisanteries

Ours Polaire

Je me suis mis dans de bô draps avêk ce bain, n'est-ce pas ? Ha ! Ha !

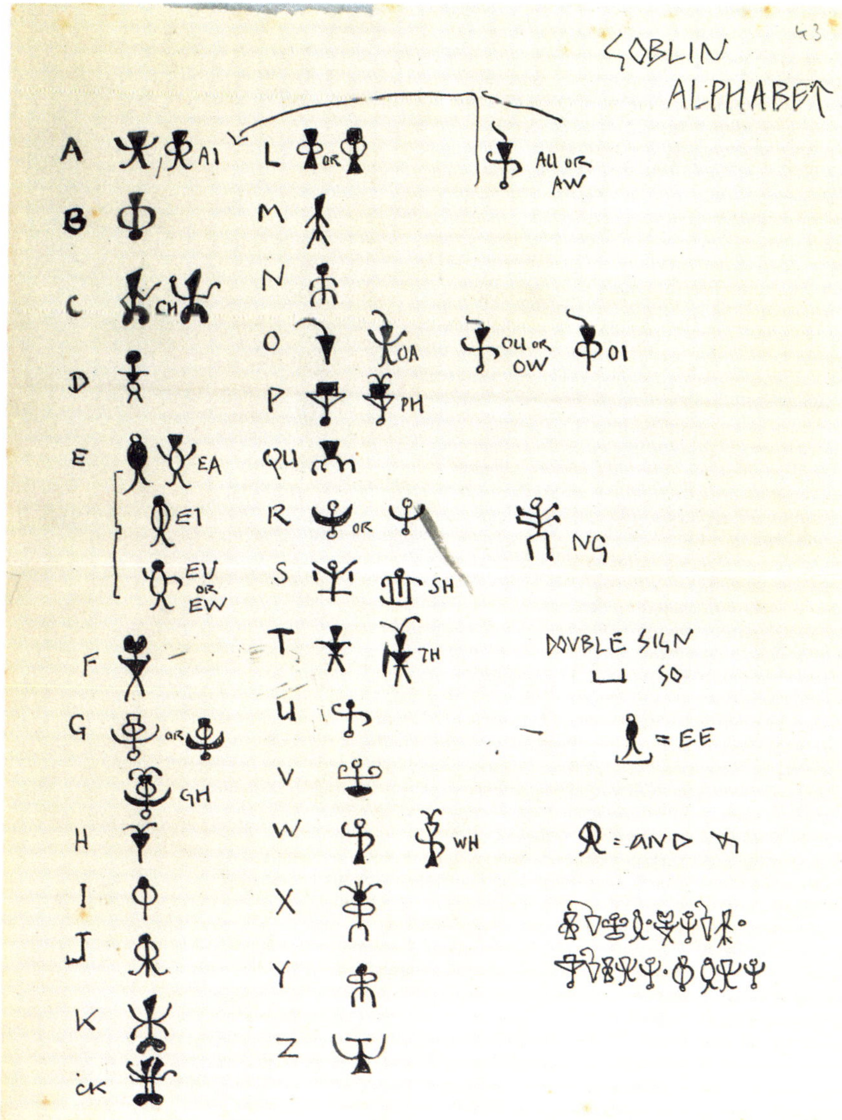
43
GOBLIN ALPHABET
A AI
L OR
AU OR AW
B
M
C CH
N
O OA OU OR OW OI
D
P PH
E EA
QU
EI
R OR
NG
EU OR EW
S SH
T TH
F
DOUBLE SIGN SO
G OR
U
= EE
GH
V
H
W WH
= AND
I
X
J
Y
K
Z
CK

My dear Christopher and Priscilla,

1937

Maison de la Falaise, Pôle Nord
Noël 1937

Mes chers Christopher et Priscilla et autres amis à Oxford : nous y revoilà !

Bien sûr que je suis toujours là (quand je ne voyage pas), mais vous voyez ce que je veux dire. De nouveau Noël. Je crois que cela fait 17 ans que je vous écris. Je me demande si vous avez toujours toutes mes lettres. Je n'ai pas été capable de conserver toutes les vôtres, mais j'en ai un certain nombre de chaque année.

Nous avons eu une grosse frayeur cette année. Aucune lettre de vous n'arrivait. Puis début décembre j'ai envoyé un messager connaissant Oxford mais qui n'y avait pas été depuis longtemps et il a raconté ceci : « Leur maison est vide et tout a été vendu. » J'ai eu peur qu'il soit arrivé quelque chose ou que vous soyez tous allés à l'école dans une autre ville, et que vos parents aient déménagé. Bien sûr, je sais maintenant ; le messager s'était rendu dans votre ancienne maison, juste à côté ! Il s'est plaint que toutes les fenêtres étaient fermées et que les cheminées étaient toutes bouchées.

En fait, j'ai été très heureux de recevoir la première lettre de Priscilla et vos deux gentilles lettres, les listes et indications utiles, depuis le retour de Christopher. Je comprends bien qu'il vous est difficile, à cause de l'école, d'écrire comme vous en aviez l'habitude. Et bien entendu, j'ai chaque année de nouveaux enfants sur mes listes en sorte que je suis toujours aussi occupé.

Dites à votre père que je suis désolé pour ses yeux et sa gorge ; une fois, j'ai eu moi aussi très mal aux yeux, un aveuglement dû à la réverbération du soleil sur la neige. Mais ça s'est arrangé. J'espère que Priscilla, votre mère et tout le monde sera en bonne

A diary of 1936 to 1937 by Ilbereth
Nobody wants breakfast after Christmas. NPB. P. and V are tired (and full). 1936.
A sponge is useful for waking up N.P.B. but makes him angry.
Late Spring 1937. Thaw and rain. Going for a nice walk to find a lost appetite.
560723
560784
Midsummer. Great hole appears in ice. Seals come out. NPB takes to boating.
Beginning to think of next Christmas. Ilbereth getting orders from F.C.
Celebrating the Coming of Winter. Bonfire party and Fireworks.
Tobogganing down from Cliff House. Snowboys have a good time
Today. Dec. 23rd. NPB busy with the tree — before the disaster —
Tomorrow. Starting with the first load.
A Merry Christmas 1937
F.C.

forme le 25 déc. Je suis désolé de ne pas avoir eu le temps de vous faire de dessin cette année. Je me suis blessé une main à déplacer de lourdes boîtes dans les caves, en novembre, et j'ai été obligé de commencer mes lettres plus tard que d'habitude, ma main se fatiguant vite. Mais Ilbereth, un elfe très intelligent que j'ai pris comme secrétaire il n'y a pas très longtemps, se révèle excellent.

Il peut écrire maintenant avec plusieurs alphabets – arctique, latin (qui est l'alphabet ordinaire que vous employez), grec, russe, runique et, bien sûr elfique. Son écriture est un peu mince et penchée (il a de toutes petites mains) et je trouve son coup de crayon un peu pattes de mouche. Il refuse d'utiliser de la peinture : il dit qu'il est secrétaire et qu'en cette qualité il n'utilise que de l'encre (et un crayon). Il va terminer cette lettre pour moi car je dois en rédiger d'autres.

Je vous envoie à présent mille baisers, et espère ardemment avoir sélectionné les plus beaux cadeaux dans vos listes de suggestions. J'allais vous envoyer des *Bilbo le Hobbit* ; j'en envoie d'énormes quantités (de la deuxième édition, pour la plupart) que j'ai commandées il y a quelques jours – mais j'ai pensé que vous en auriez beaucoup, donc je vous fais parvenir un autre Conte de Fées d'Oxford.

Mille et mille affectueuses pensées, Père Noël

Chers enfants,

Je suis Ilbereth. Je vous ai déjà écrit dans le passé. Je termine cette lettre à la place du Père Noël. Vous dirai-je quelque chose sur mes dessins ? L'Ours Polaire, Valkotukka et Paksu sont toujours paresseux après Noël, ou plutôt après la fête de Noël. Père Noël à sonné pour avoir son petit déjeuner, mais en vain. Encore un jour où, comme d'habitude, l'Ours Polaire était en retard.

pas vrai !

Paksu lui a jeté une éponge pleine d'eau glacée au visage. L'Ours Polaire l'a poursuivi tout autour de la maison et du jardin, et lui a finalement pardonné, parce qu'il n'avait pas attrapé Paksu et qu'il lui était venu un appétit énorme.

Nous avons eu un temps terrible à la fin de l'hiver et avons même eu de la pluie. Nous n'avons pas pu sortir pendant des jours. J'ai dessiné l'Ours Polaire et ses neveux quand ils se sont aventurés dehors. Paksu et Valkotukka ne sont jamais rentrés chez eux. Ils sont si bien ici qu'ils ont supplié de pouvoir rester.

Il a fait beaucoup trop chaud au Pôle Nord cette année. Un vaste lac s'est formé au pied de la Falaise et a isolé le Pôle Nord sur une île. J'ai dessiné une vue côté sud, en sorte que la Falaise se trouve à l'opposé. C'était à peu près le milieu de l'été. L'Ours du Pôle Nord, ses neveux et bon nombre d'oursons polaires allaient s'y baigner. Ainsi que les phoques. L'Ours du Pôle Nord a essayé de manœuvrer à la rame un canot ou un canoë, mais il est tombé si souvent que les phoques ont cru qu'il aimait ça et se mettaient sans arrêt sous l'embarcation pour la retourner. Cela l'a contrarié.

L'amusement n'a pas duré longtemps car l'eau a gelé de nouveau au début du mois d'août. Puis nous avons commencé à réfléchir à ce Noël. Dans mon dessin, Père Noël est en train de classer les listes et m'en donne un tas spécial – vous êtes dedans.

Bien sûr, l'Ours du Pôle Nord prétend toujours tout organiser : c'est pourquoi il gesticule, mais en fait, j'écoute Père Noël et je le salue, lui, et pas l'Ours du Pôle Nord.

Vulgaire petit coursier !

Nous avons fait un superbe feu de joie et avons lancé des feux d'artifice pour célébrer la Venue de l'Hiver et le commencement des vrais « Préparatifs ». La Neige est tombée très dru en novembre et les elfes, les petits garçons des neiges ont eu des demi-vacances pour faire du toboggan. Les oursons polaires n'y excellaient pas. Ils tombaient et la plupart d'entre eux ont décidé de faire des roulades et des glissades. Aujourd'hui – mais c'est la meilleure partie, je venais de terminer mon dessin, sinon je l'aurais fait autrement.

Et mieux !

L'Ours Polaire a été autorisé à décorer un grand arbre dans le jardin, tout seul juché sur une échelle. Soudain nous avons entendu des bruits terribles, perçants et grondants. Nous nous sommes précipités dehors pour trouver l'Ours Polaire suspendu à l'arbre !

« Tu n'es pas une décoration », a dit Père Noël.

« Ça n'empêche que je brûle », a-t-il hurlé.

C'était vrai. Nous avons déversé un seau d'eau sur lui. Cela a abîmé une grande partie des décorations, mais a sauvé sa fourrure. Ce vieil imbécile d'animal avait posé l'échelle contre une branche (au lieu du tronc de l'arbre). Puis il s'était dit : « Je vais allumer les bougies pour voir si elles fonctionnent », malgré l'interdiction. Il est donc monté en haut de l'échelle avec un cierge. La branche a craqué juste à ce moment-là, l'échelle a glissé dans la neige, Ours Polaire est tombé dans l'arbre, s'est pris dans un fil et sa fourrure a pris feu.

Plaisanterie stupide.

Heureusement il était plutôt mouillé, sinon il aurait grésillé. Je me demande si le Polaire rôti est bon à manger !

Pas si bon qu'un elfe fessé et frit à point.

Le dernier dessin est imaginaire et pas très bon. Mais j'espère qu'il se réalisera. Ce sera le cas si Ours Polaire se tient bien. J'espère que vous parviendrez à lire mon écriture. Je m'efforce d'écrire comme le cher vieux Père Noël (sans les tremblements), mais je ne peux pas faire aussi bien. J'écris mieux l'elfique :

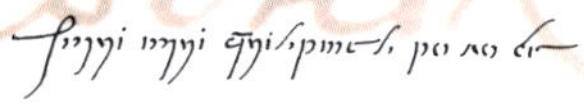

En voilà un exemple – mais Père Noël dit que même ceci est encore écrit en pattes de mouche et que vous ne pourrez jamais le lire.

Affectueuses pensées, Ilbereth

Un gros câlin et beaucoup d'affectueux baisers. D'énormes mercis pour les lettres. Je n'en reçois pas beaucoup, bien que je travaille si durr. Je m'entraîne à une nouvelle écriture avec un joli stylo gras. Plus rapide que l'arktique. Je l'ai inventé.

Ilbereth est vérifiant. Comment vont les Bingos ? Un joyeux Noël. L'Ours du Pôle Nord.

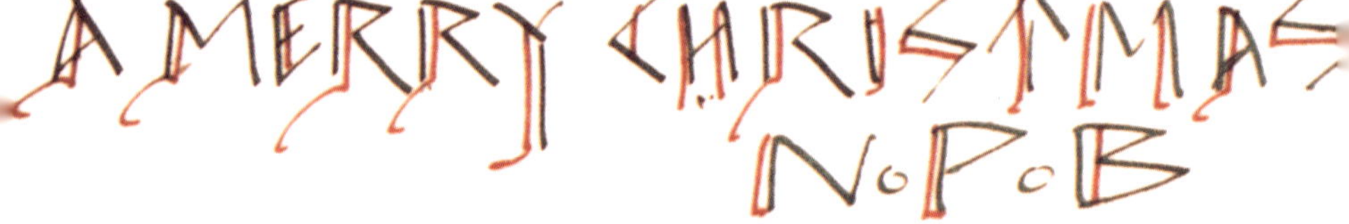

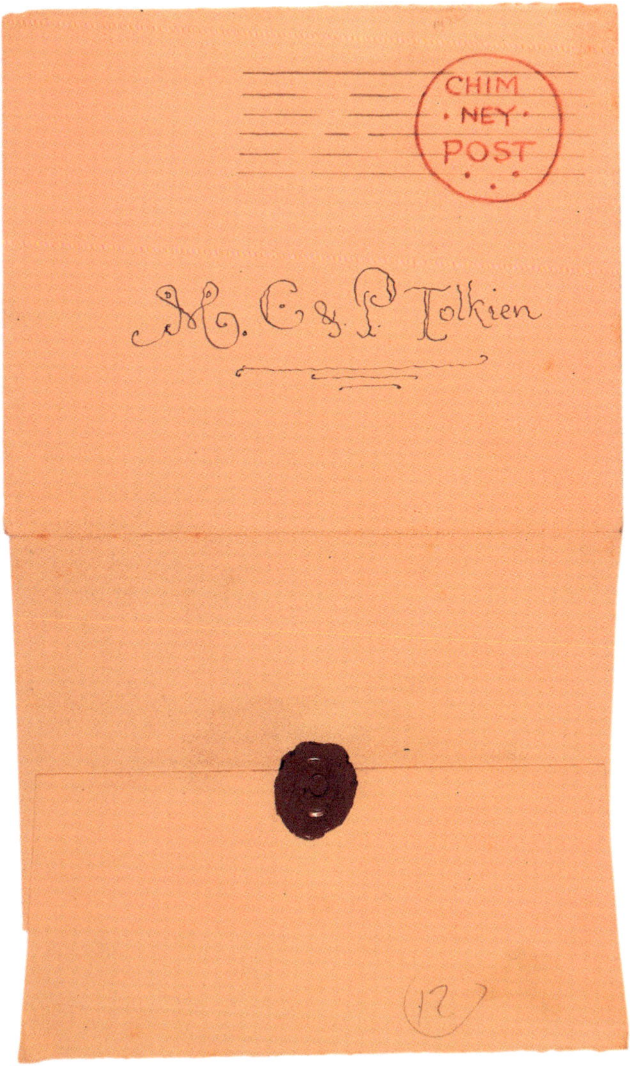
CHIM
NEY
POST
M. C & P Tolkien
12

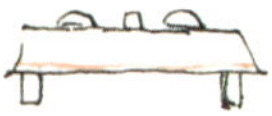

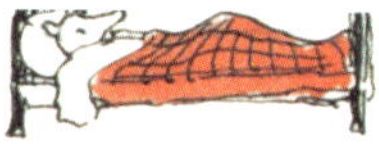

Maison de la Falaise, Pôle Nord
Noël 1938

Ma chère Priscilla et tous les autres chez toi,

Nous y revoilà une fois de plus ! Par ma barbe, je crois l'avoir déjà dit avant – mais après tout vous ne voulez pas que Noël soit différent tous les ans, n'est-ce pas ?

Je suis terriblement désolé de ne pas avoir eu le temps de faire de grand dessin cette année, et Ilbereth (mon secrétaire) n'en a pas fait non plus ; mais, à la place, nous vous envoyons à tous des poèmes. Certains de mes autres enfants semblent aimer les poèmes, peut-être que vous aussi.

Nous avons tous été très navrés d'apprendre ce qui est arrivé à Christopher. J'espère qu'il va mieux et qu'il passera un Noël agréable. Je ne l'ai appris que très tard, lorsque mes messagers et mes facteurs sont revenus d'Oxford. Dites-lui de se réjouir – car bien qu'il grandisse et qu'il abandonne la tradition du bas, je lui apporterai quelques petites choses cette année. Parmi elles, se trouve un petit livre d'astronomie qui donne quelques indications sur l'emploi des télescopes – merci de m'avoir dit qu'il en possédait un. Pauvre de moi ! Ma main tremble – j'espère que vous pourrez lire quelque chose ?

J'ai aimé ta longue lettre, avec tous ces dessins amusants. Transmets mes affectueuses pensées à tes Bingos et aux soixante autres (ou plus !), surtout Guenilles, Preddley, Simplet, Grognon, Jubilé et Bouledeneige. J'espère que tu vas continuer à m'écrire encore pendant longtemps.

Toutes mes tendres pensées à toi – et beaucoup d'autres à Chris – de la part de

Père Noël

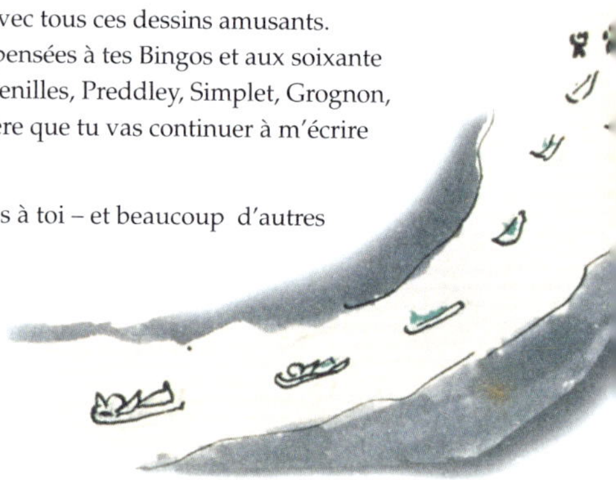

1938
SETTING OUT.

De nouveau cette année, ma chère Priscilla,
quand tu dors sur ton matelas ;

Mauvaise rime !
C'est frappant !

à côté de ton lit le vieux Père Noël

[la langue anglaise n'a pas de rime
pour « Père Noël » ; c'est pourquoi bien que je trime
je ne suis pas très bon à faire des vers.
Mais ce que je trouve bien pire
est que les noms des garçons et des filles ne riment pas non plus
(et zut ! aucun ne va rimer)
Donc, je t'en prie, pardonne-moi, chère Priscilla,
si je prétends que tu rimes avec matelas !]

Elle ne vous le pardonnera pas !

Comme je le disais –

à côté de ton lit, le vieux Père Noël
(il a peur qu'un craquement ou qu'un sifflement n'appelle

Pas mal, celle-là, non ?
À dégager !

ton réveil) va en un instant
remplir ton bas, *(j'ai le sentiment
qu'il appartient, en réalité, au paternel –
mais peut importe !).* À minuit, ou après, il arrivera
– et espérera encore une fois
avoir fait le bon choix

C'est moi qui ai choisi.

et t'offrir ce que tu souhaites. Des années, tu en as neuf et demi ;

Elle n'est pas une horloge !

mais j'espère toutefois que tu m'enverras quelques jolies
lignes pendant encore plusieurs années, et que tu n'oublieras pas (Oh non !)
le vieux Père Noël et son Compagnon,
l'Ours du Pôle Nord (et les oursons polaires
aussi ronds que des montgolfières),
les petits garçons des neiges et les Elfes – en fait la totalité
de ma maisonnée du Pôle (ou plutôt dans sa proximité).

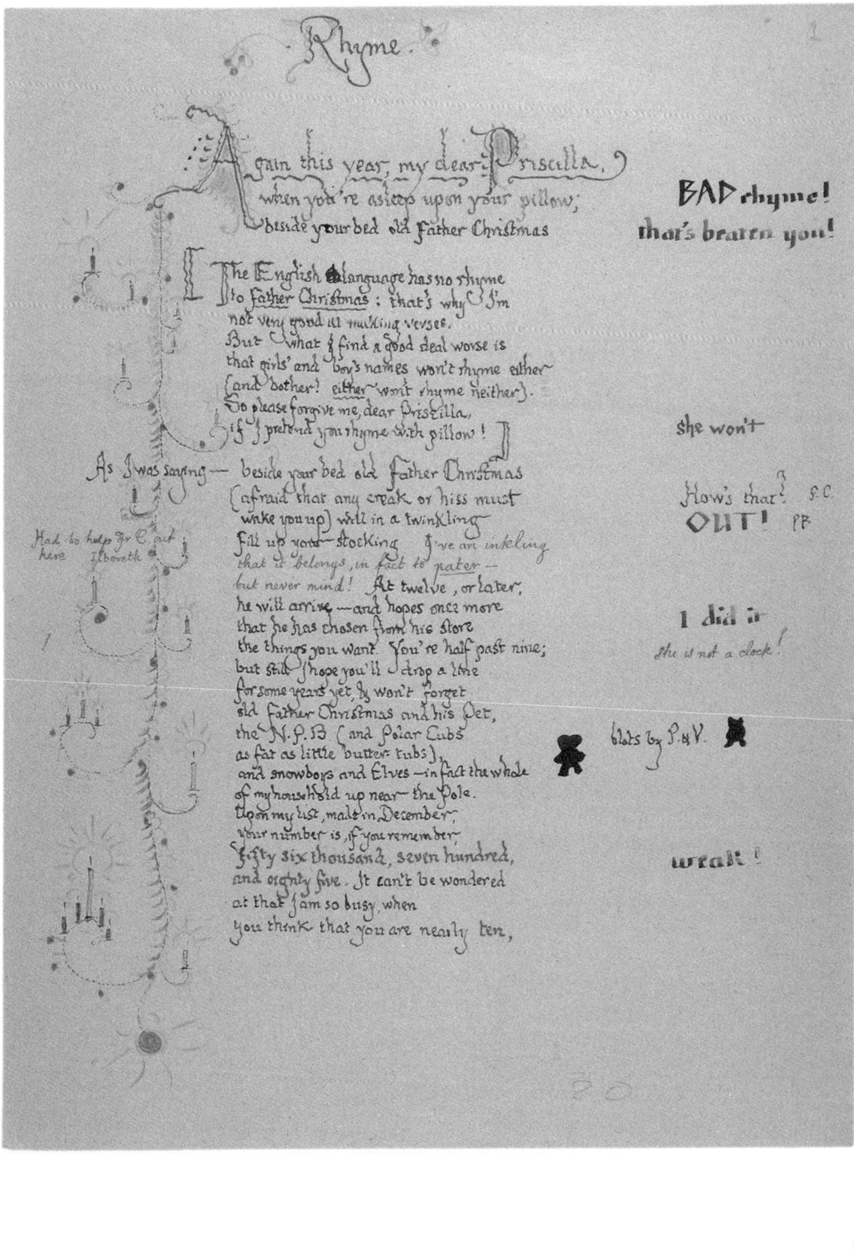

Rhyme.

Again this year, my dear Priscilla,
when you're asleep upon your pillow;
beside your bed old Father Christmas

BAD rhyme! that's beaten you!

[The English language has no rhyme
to Father Christmas: that's why I'm
not very good at making verses.
But what I find a good deal worse is
that girls' and boy's names won't rhyme either
(and bother! either won't rhyme neither).
So please forgive me, dear Priscilla,
if I pretend you rhyme with pillow!]

she won't

As I was saying — beside your bed old Father Christmas
(afraid that any creak or hiss must
wake you up) will in a twinkling
fill up your stocking I've an inkling
that it belongs, in fact to pater —
but never mind! At twelve, or later,
he will arrive — and hopes once more
that he has chosen from his store
the things you want. You're half past nine;
but still I hope you'll drop a line
for some years yet, & won't forget
old Father Christmas and his Pet,
the N.P.B (and Polar Cubs
as fat as little butter-tubs),
and snowboys and Elves — in fact the whole
of my household up near the Pole.
Upon my list, made in December,
your number is, if you remember,
fifty six thousand, seven hundred,
and eighty five. It can't be wondered
at that I am so busy, when
you think that you are nearly ten,

Had to help Fr C out here Ilbereth

How's that? F.C.
OUT! P.B.

I did it

She is not a clock!

blots by P. & V.

weak!

Taches faites par P et V

Sur ma liste faite en décembre pour Noël,
ton numéro est, si tu te le rappelles,
cinquante-six mille sept cent
quatre-vingt-cinq. Cela s'invente difficilement,

Faible !

cela m'occupe, quand
on pense que tu as presque dix ans,
et que pendant ce temps, et rien que pour les filles
ma liste s'est allongée de presque dix mille,
même après avoir soustrait toutes les maisons
où je ne vais plus depuis de nombreuses saisons !

Vous vous demanderez tous quelles sont les nouvelles ; si tout s'est bien passé,
et si non, quelle est la personne à blâmer,
et si l'Ours Polaire
a obtenu une note juste, bonne ou sévère
pour son comportement depuis l'hiver dernier.
Eh bien – il a marché sur une esquille pour commencer

Des absurdités versifiées :
c'était un clou – rouillé, en plus !

et s'est déplacé avec des béquilles tout novembre
et puis par une froide journée de décembre
il s'est brûlé le nez et s'est roussi les pattes
dans le foyer de la Cuisine, parce que
sans l'aide de pinces, il a essayé
de rôtir des marrons chauds. « Ouille ! » a-t-il hurlé,

Je n'ai pas hurlé !

et a utilisé une livre de beurre (de la meilleure qualité)
pour soigner ses blessures. Il a été ensuite très agité,

Je n'ai pas eu le choix !

et le vingt-trois il est monté
sur le toit. Il voulait enlever
la neige qui bouchait sa cheminée –

bien entendu ses jambes sont passées
à travers les tuiles, et la neige fraîche
s'est déversée sur son lit, en dessous, comme une avalanche.
Il a cassé des soucoupes, des tasses et des plats ;
et mangé des quantités de chocolat ;
il a fait tomber de grosses boîtes sur mes pieds,
et des rangées de soldats de plomb ont été écrasées ;

Ne croyez pas
tout cela !

Vous devez le croire !

il a endommagé des locomotives, des ressorts ont été cassés,
et les affaires de plusieurs enfants ont été mélangées ;
il a crevé des ballons et a feuilleté des œuvres récentes
et griffonné des quantités de Runes abracadabrantes
sur mon meilleur papier, et a essuyé ses pattes souillées
sur des écharpes et des mouchoirs bien pliés –
Et pourtant il a été, pour résumer,
une très bonne âme, et de bonne volonté.
Il a rapporté, transporté, compté, empaqueté
et pendant une semaine, ne s'est jamais relâché :

Écoutez ça !

J'aimerais que tu ne gribouilles pas
sur mes beaux poèmes !

il a gravi les escaliers de la cave
au moins cinq mille fois – la Vieille Bête, qu'elle est brave !

Paksu vous embrasse et Valkotukka –
Ils sont toujours avec moi,
et n'ont pas l'air d'avoir vieilli d'une
année, mais ils sont un peu plus posés
et ont quelque peu gagné en sagacité.

Les GOBELINS, vous serez contents de l'apprendre,
près du Pôle Nord et de toute l'année ne se sont pas fait
entendre,
Mais on m'a dit qu'ils se déplacent
vers le sud et montrent une certaine audace,

que dans de nombreuses régions ils sont de nouveau visibles,
creusant de leurs mains horribles
de nouvelles mines et de nouvelles caves. Mais ne sois pas effrayée !
Lorsque j'apparais, ils courent se cacher.

Jour de Noël

Le jour de Noël est revenu à présent –
et l'Ours Polaire souffre énormément !
On raconte qu'il a avalé un kilo d'amandes
sans casser les coques ! On se demande
si ce ne serait pas une habitude polarienne, des fois –
mais ce n'est pas tout, entre vous et moi :
il a mangé une tonne de produits différents
et a mélangé ses mets favoris très imprudemment :
de la dinde avec de la mélasse, et du miel avec du jambon,
des pickles trempés dans du lait. Une semaine de privation
sera nécessaire pour remettre le pauvre vieil ours sur pied.
Et je ne dois pas oublier son dessert préféré :
du pudding aux raisins avec des saucisses, et des loukoums nappés
de crème et dévorés en une bouchée !
Après ce plat, il s'est mis sur la tête et a fait le poirier –
C'est un vrai miracle que le vieux ne se soit pas tué !

N'IMPORTE QUOI !
Je ne me suis pas fendu le crâne
en me comportant comme un âne.

Quel vulgaire personnage !

Je n'affectionne
ni la dinde ni la viande :
C'est aux douceurs que je me cantonne.
Voilà pourquoi
(comme chacun sait) je suis si doux, moi,
espèce d'elfe fourbu !
O-revoir !

Il veut dire fourbe

Non, tu n'es pas fou,
mais petit et bête.

Vous connaissez trop bien mes amis pour penser
(bien qu'à l'écrit, ils soient plutôt grossiers)
qu'ici, on se dispute vraiment !
Nous avons eu une année pleine d'agrément

(en dehors du clou rouillé d'Ours Polaire) ;
mais ce poème doit partir avec la Poste dernière –
un messager spécial doit partir,
malgré la neige épaisse qui va nous ensevelir,
sans quoi il ne vous parviendra pas à temps
pour le jour de Noël. Il est deux heures et demie, très précisément !
Nous avons encore presque une tonne de pétards à tirer
ainsi que des verres à remplir et à vider !
Nos affectueuses pensées pour ce Noël – et jusqu'au prochain,
Nous vous saluons bien !

Père Noël
Ours Polaire
Ilbereth
Paksu et Valkotukka

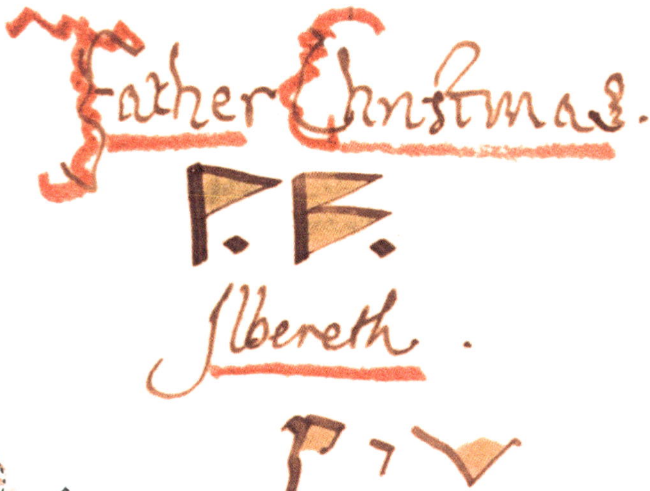

1939

Maison de la Falaise, PÔLE NORD
24 décembre 1939

Ma chère Priscilla,

Je suis heureux que tu sois parvenue à m'envoyer deux lettres, malgré l'école, qui t'a fort occupée. J'espère que ta famille Bingo va passer un bon Noël et se tenir comme il faut. Dis à Billy (c'est bien le nom du père ?) de ne pas être aussi fâché. Ils n'auront pas à se disputer les pétards que j'envoie.

Je suis très occupé et les affaires sont très difficiles cette année à cause de cette guerre horrible. Bon nombre de mes messagers ne sont jamais revenus. Je n'ai pas été capable de te faire un très beau dessin. Il est censé me montrer en train de transporter des paquets sur notre nouveau sentier menant à la remise aux traîneaux. Paksu ouvre la marche et tient une torche, et il a l'air incroyablement content de lui (comme d'habitude). On ne fait qu'entrevoir (juste assez) l'Ours Polaire qui déambule derrière. Bien sûr, il ne porte rien.

Il n'y a pas eu d'aventures ici, et rien de bizarre n'est arrivé – et c'est parce que cette année, Ours Polaire n'a presque rien fait pour « aider », comme il dit.

IDIOTIE !

Je ne pense pas qu'il ait été plus paresseux que d'ordinaire, mais il n'était pas en bonne santé. Il a mangé du poisson qu'il n'a pas bien supporté en novembre dernier, et il a eu peur de devoir aller à l'hôpital au Groenland. Mais après n'avoir absorbé que de l'eau chaude pendant une quinzaine de jours, il a brusquement jeté le verre et le broc par la fenêtre et a décidé d'aller mieux.

Il a fait les arbres du dessin, et je crains qu'ils ne soient pas très beaux.

C'est la meilleure partie.

Ils ressemblent plus à des parapluies ! Quoi qu'il en soit, il t'envoie toute son affection, à toi et à tous tes ours. « Pourquoi n'as-tu pas des Oursons Polaires au lieu des Bingos et des Koalas ? » demande-t-il.

Pourquoi pas ?

Transmets mon affection à Christopher, à Michael et à John la prochaine fois que tu leur écriras.

Affectueuses pensées de la part de Père Noël.

Christmas 1939
MCMXXXIX
Love to Priscilla
from Father Christmas

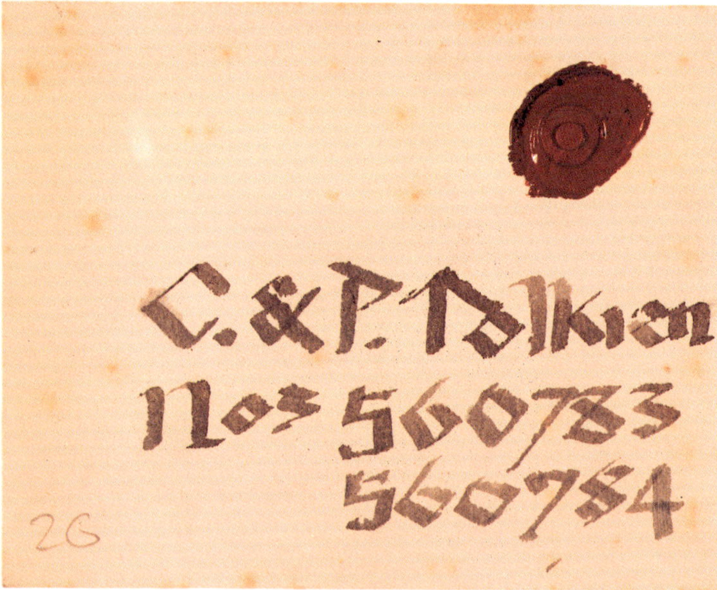

1940

23 décembre 1940

Chère Priscilla,

Content de savoir que vous êtes de retour ! Un message est arrivé samedi pour dire que votre maison était vide. Avès peur que vous soiiez partis sans laisser d'addresses.

Passons des mauments très DIFFICILLES cette année mais je fèsons de ~~mon~~ notre mieux

MERCI pour les détails sur ta chambre. Père Noël t'envoie toute son affection ! S'il te plaît excuse les taches. Plutôt okuppé.

Amikalement, Ours Polaire

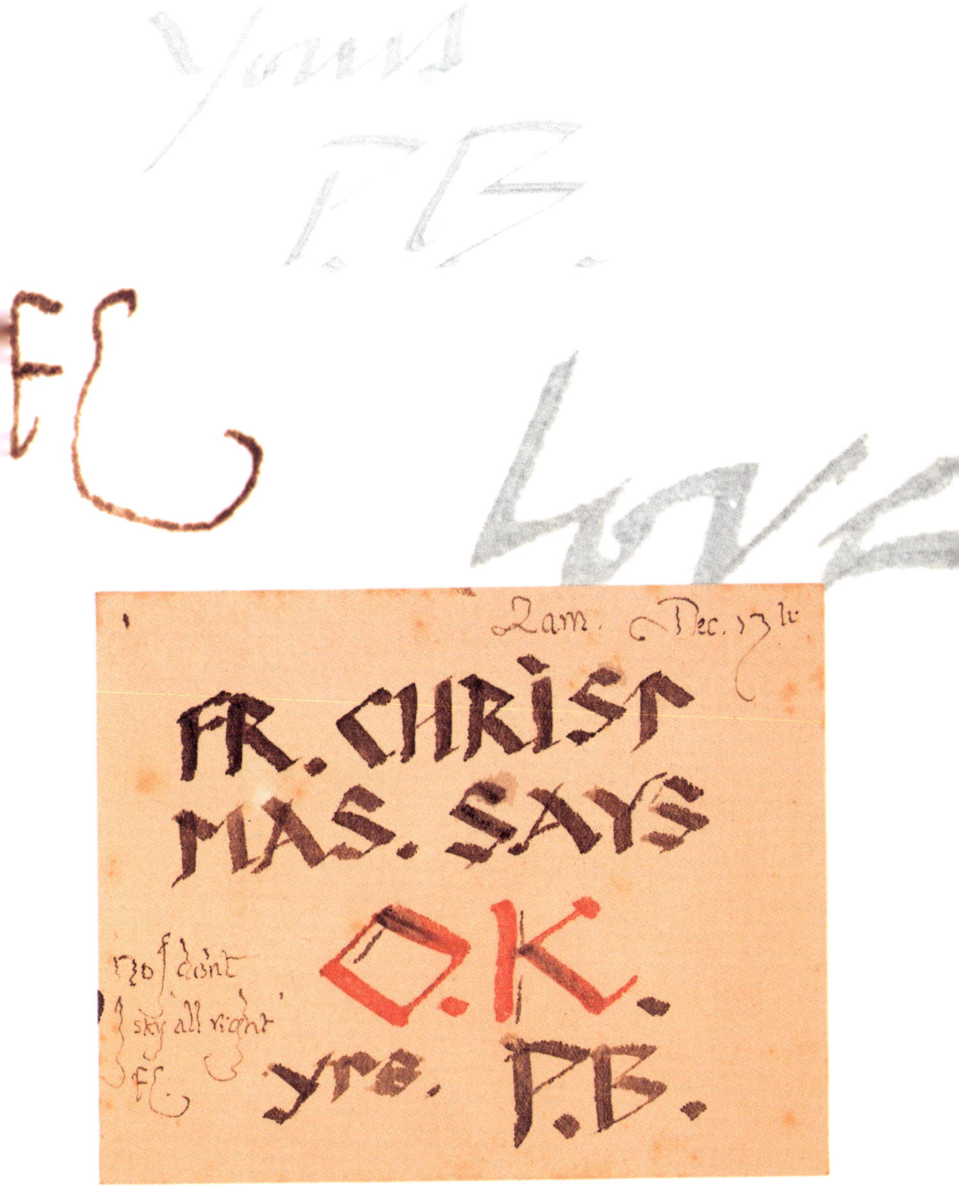
2am. Dec. 17th

FR. CHRIST
MAS. SAYS
O.K.
yrs. P.B.

No I don't
say all right
FC

Maison de la Falaise, près du Pôle Nord
Veille de Noël 1940

Ma très chère Priscilla,

Juste une petite lettre pour te souhaiter un très Joyeux Noël. S'il te plaît transmets toute mon affection à Christopher. Nous avons eu des moments difficiles cette année. Cette terrible guerre réduit toutes nos réserves et, dans de très nombreux pays, les enfants vivent loin de chez eux. L'Ours Polaire a été très occupé à corriger nos listes d'adresses. Je suis heureux que tu sois toujours chez toi !

Je me demande ce que tu vas penser de mon dessin. « Les pingouins ne vivent pas au Pôle Nord », diras-tu. Je le sais, mais ils sont tout de même là. On pourrait les appeler des « évacués » (ce n'est pas un très joli mot) ; même s'ils ne sont pas venus ici pour échapper à la guerre, mais pour la trouver ! Ils ont entendu tellement d'histoires sur ce qui se passe au Pôle Nord (y compris une histoire assez invraisemblable selon laquelle l'Ours Polaire et les oursons polaires avaient été tués dans une explosion et que j'avais été capturé par les Gobelins) qu'ils ont nagé jusqu'ici pour voir s'ils pouvaient m'aider. Il en est arrivé près de 50.

L'image montre l'Ours Polaire en train de danser avec leurs chefs. Ils nous amusent beaucoup : ils ne sont pas d'une aide précieuse, mais ils sont toujours en train de faire de drôles de jeux avec des danses, et essayent d'imiter la démarche de l'Ours Polaire et des Oursons.

Père Noël

57
A HAPPY NEW YEAR 1941
E

1941.

Maison de la Falaise près (de la souche)
du Pôle Nord
22 décembre 1941

Ma très chère Priscilla,

Je suis si content que tu n'aies pas oublié de m'écrire de nouveau cette année. Le nombre d'enfants qui restent en contact avec moi semble diminuer : je suppose que c'est à cause de cette horrible guerre, que les choses s'arrangeront j'imagine quand ce sera fini, et que je serai plus occupé que jamais. Mais de nos jours, le nombre de gens qui ont perdu leur maison ou l'ont quittée est effroyable ; la moitié du monde paraît se trouver au mauvais endroit.

Et nous avons eu des ennuis même ici. Je ne veux pas seulement parler de mes entrepôts : bien sûr ils se vident. C'était déjà comme ça l'année dernière et je n'ai pas pu les remplir en sorte que je ne peux maintenant envoyer que ce qu'il me reste au lieu de ce qu'on m'a demandé. Mais il y a eu pire.

Je suppose que tu te souviens des ennuis avec les Gobelins il y a quelques années ; nous pensions avoir réglé le problème. Eh bien, tout a recommencé cet automne, pire que tous les événements survenus depuis des siècles. Plusieurs batailles ont eu lieu et ma maison a été assiégée pendant un certain temps. En novembre elle a failli être prise d'assaut, nous avons cru que toutes mes réserves seraient pillées et que les Bas de Noël resteraient vides dans le monde entier.

N'aurait-ce pas été une calamité ? Ce n'est pas arrivé grâce aux efforts de l'Ours Polaire –

N.B. C'est moa !

mais je ne peux envoyer des messagers que depuis le début de ce mois ! Je suppose que les gobelins ont pensé qu'il fallait profiter de la guerre en cours pour reprendre possession du Nord. Ils devaient se préparer depuis plusieurs années ; et ils avaient creusé un nouveau tunnel très grand dont l'issue est à des kilomètres d'ici.

Ils ont surgi par milliers au début du mois d'octobre. Ours Polaire dit qu'ils étaient au moins un million, mais c'est son chiffre préféré.

Ils étaient au moins sant millions !

Quoi qu'il en soit, il dormait encore profondément à ce moment-là et j'étais moi-même plutôt engourdi ; le temps était relativement chaud pour cette époque de l'année et Noël semblait très loin. Il n'y avait qu'un ou deux elfes à la maison ; et bien sûr Paksu et Valkotukka (eux aussi profondément endormis). Les Pingouins étaient tous partis au printemps.

Heureusement les gobelins ne peuvent pas s'empêcher de pousser des cris et de taper sur des tambours quand ils veulent se battre ; en sorte que nous nous sommes tous réveillés à temps pour barricader les entrées et les portes, et fermer tous les volets. L'Ours Polaire est monté sur le toit et a tiré des fusées en direction des bandes de gobelins alors qu'ils remontaient l'allée des rennes dans un flot continu ; mais cela ne les a pas arrêtés longtemps. Peu après, nous étions encerclés.

Je n'ai pas le temps de te raconter toute l'histoire. J'ai dû souffler par trois fois dans la grande Corne (Coup de Vent). Elle est suspendue au-dessus de la cheminée dans le vestibule et si je ne t'en ai pas parlé avant c'est parce que je n'ai pas eu besoin de l'utiliser depuis plus de quatre cents ans ; elle résonne aussi loin que souffle le vent du nord. Malgré ça il a fallu trois jours entiers pour qu'arrive du secours : des petits garçons des neiges, des ours polaires et des centaines et des centaines d'elfes.

Ils ont attaqué les gobelins par l'arrière ; et l'Ours Polaire (vraiment réveillé cette fois) s'est rué dehors armé dans chaque patte d'une branche enflammée sortie de l'âtre. Il a dû tuer des dizaines de gobelins (il parle, lui, d'un million).

Mais il y a eu une grande bataille dans la plaine près du Pôle Nord en novembre, pendant laquelle les Gobelins ont fait sortir de leurs tunnels des centaines de nouvelles compagnies. Nous avons été repoussés jusqu'à la Falaise, et nous n'avons repris le dessus (pour l'instant) que lorsque l'Ours Polaire et un groupe de jeunes de sa famille sont sortis discrètement la nuit pour faire sauter l'entrée des nouveaux tunnels avec près de 50 kilos de poudre.

Mais l'explosion a détruit les matériaux servant à fabriquer les feux d'artifice et les pétards (la partie qui éclate) pour plusieurs années. Le Pôle Nord s'est fendu, puis renversé (pour la deuxième fois) et nous n'avons pas encore eu le temps de le réparer. Ours Polaire est vraiment un héros (j'espère qu'il ne le pense pas).

Si, je le pense !

Mais bien entendu, c'est un animal vraiment MAGIQUE,

N.B.
et les gobelins ne peuvent pas lui faire grand-chose quand il est réveillé et en colère. J'ai vu leurs flèches rebondir sur lui et se briser.

Eh bien, cela te donnera une idée des événements et tu comprendras pourquoi je n'ai pas eu le temps de faire de dessin cette année (c'est plutôt dommage, car il y avait des choses excitantes à dessiner) et pourquoi je n'ai pas pu réunir les cadeaux habituels pour toi, ni même le très petit nombre de choses que tu as demandées.

J'ai entendu dire que presque tous les livres d'Alison Uttley ont été brûlés et je n'ai pas pu trouver d'exemplaire de *Moldy Warp*. Je vais essayer d'en trouver un pour la prochaine fois. Je t'envoie d'autres livres, que, j'espère, tu aimeras. Il n'y a pas grand-chose d'autre, mais je t'envoie toute mon affection.

Je suis content d'avoir des nouvelles de ton Ours Bingo, mais je crois vraiment qu'il est trop vieux et important pour suspendre des bas ! Mais l'Ours Polaire semble croire que n'importe quel genre d'ours est un parent. Et il m'a dit : « Laissez-moi faire, vieil homme (malheureusement, voilà comment il m'appelle, souvent) : je vais empaqueter un choix parfaitement superbe pour sa Pôlinité (oui, Pôlinité !). » Je vais donc essayer d'apporter le « choix superbe » : qu'est-ce que c'est, je l'ignore !

Toutes les affectueuses pensées de votre vieux Père Noël!
et de l'Ours Polaire

1942.

Maison de la Falaise, Pôle Nord
Veille de Noël 1942

Ma chère Priscilla,

L'Ours Polaire me dit qu'il ne parvient pas à trouver la lettre que tu m'as envoyée dans les piles de cette année. J'espère qu'il n'en a perdu aucune : il est tellement désordonné. Mais j'imagine que tu es très occupée cet automne dans ta nouvelle école.

J'ai dû deviner ce que tu aimerais avoir. Je crois le savoir et par bonheur nous sommes encore bien pourvus en livres et en choses de ce genre. Mais vraiment, tu sais, je n'ai jamais vu mes réserves si maigres ou mes caves si pleines de vide (comme dit Ours Polaire).

J'espère que je pourrai les réapprovisionner d'ici peu, malgré tout le gâchis et la destruction qui me rendent plutôt triste, et angoissé aussi. Les livraisons sont elles aussi plus difficiles que jamais cette année avec les maisons endommagées, les gens sans protection et tous les événements effrayants qui se déroulent dans vos pays. Bien sûr, mon pays est toujours aussi paisible et joyeux que d'habitude.

Nous avons eu de la neige tôt cette année, puis de belles nuits glaciales à l'air tonifiant pour que la neige reste bien blanche et ferme, d'éclatantes « journées » éclairées par les étoiles (pas de soleil à cette époque, bien entendu).

Je donne une grande soirée demain comme d'habitude, les oursons polaires (Paksu et Valkotukka, bien sûr, sont de la partie), les petits garçons des neiges et les elfes. Nous avons mis l'Arbre à l'intérieur cette année : dans le vestibule au pied du grand escalier, j'espère que l'Ours Polaire ne dévalera pas les escaliers et qu'il n'ira pas s'écraser dans l'Arbre une fois décoré et illuminé.

J'espère que tu ne m'en voudras pas d'apporter cette lettre avec tes cadeaux, cette nuit : je manque de messagers, car certains d'entre eux ont des problèmes pour trouver les gens et sont partis depuis des jours. Je viens tout juste de surprendre l'Ours Polaire dans mes provisions et je suis sûr qu'il a visité un placard. Je ne sais pas pourquoi.

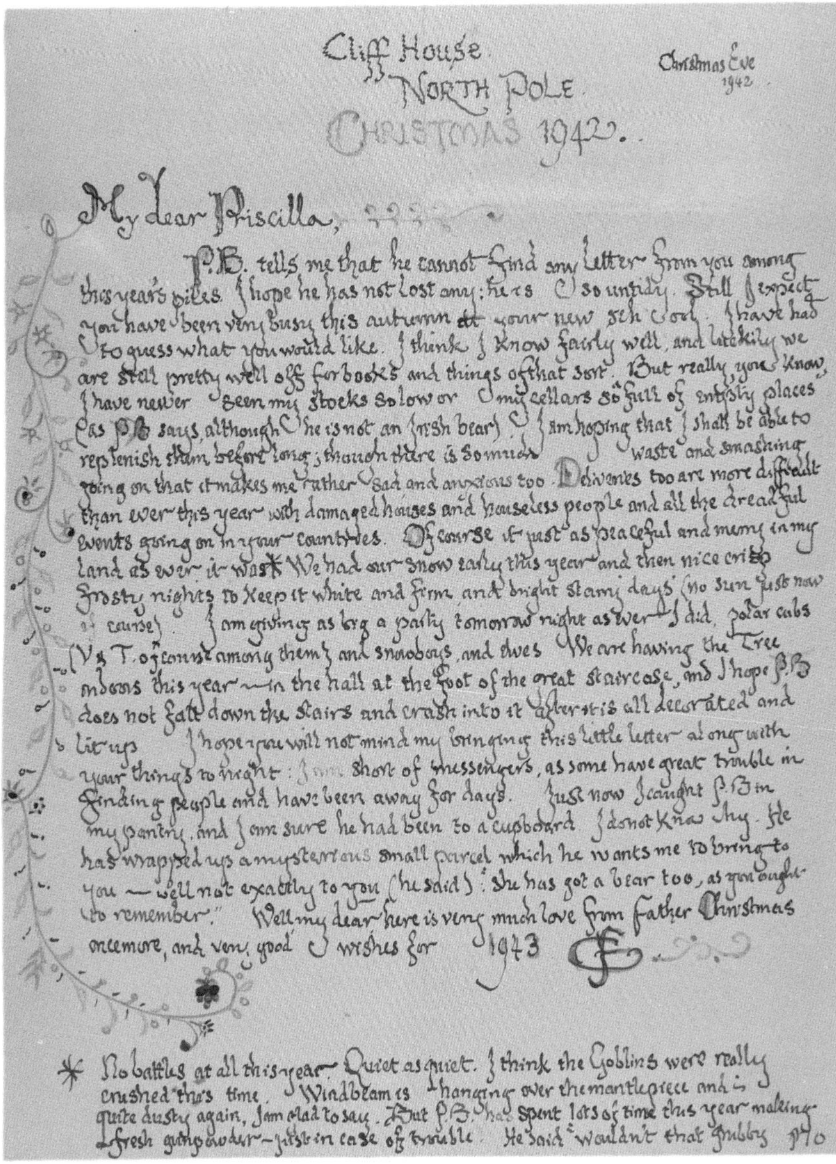

Cliff House
North Pole
Christmas 1942.

Christmas Eve
1942

My dear Priscilla,

P.B. tells me that he cannot find any letter from you among this year's piles. I hope he has not lost any: he is so untidy. Still I expect you have been very busy this autumn at your new school. I have had to guess what you would like. I think I know fairly well, and luckily we are still pretty well off for books and things of that sort. But really, you know, I have never seen my stocks so low or my cellars so full of empty spaces (as P.B. says, although he is not an Irish bear). I am hoping that I shall be able to replenish them before long; though there is so much waste and smashing going on that it makes me rather sad and anxious too. Deliveries too are more difficult than ever this year with damaged houses and houseless people and all the dreadful events going on in your countries. Of course it just as peaceful and merry in my land as ever it was* We had our snow early this year and then nice crisp frosty nights to keep it white and firm, and bright starry days (no sun just now of course). I am giving as big a party tomorrow night as ever I did, polar cubs (V & T of course among them) and snowboys, and elves. We are having the Tree indoors this year — in the hall at the foot of the great staircase, and I hope P.B. does not fall down the stairs and crash into it after it is all decorated and lit up. I hope you will not mind my bringing this little letter along with your things tonight: I am short of messengers, as some have great trouble in finding people and have been away for days. Just now I caught P.B. in my pantry, and I am sure he had been to a cupboard. I do not know why. He has wrapped up a mysterious small parcel which he wants me to bring to you — well not exactly to you (he said): "she has got a bear too, as you ought to remember." Well my dear here is very much love from Father Christmas once more, and very good wishes for 1943

FC

* No battles at all this year. Quiet as quiet. I think the Goblins were really crushed this time. Windbeam is hanging over the mantlepiece and is quite dusty again, I am glad to say. But P.B. has spent lots of time this year making fresh gunpowder — just in case of trouble. He said "wouldn't that Grubby p.t.o.

Il a enveloppé un mystérieux petit colis qu'il veut que je t'apporte – en fait pas exactement à toi (dit-il) : « Elle a aussi un ours, comme vous devriez vous en souvenir. »

Eh bien, ma chérie, beaucoup d'affectueuses pensées de la part de Père Noël une fois de plus et mes meilleurs vœux pour 1943.

Aucune bataille cette année. Le calme plat. Je pense que les gobelins ont véritablement été écrasés cette fois. Coup de Vent est suspendu au-dessus du manteau de la cheminée, et est de nouveau assez poussiéreux, suis-je heureux de dire. Mais l'Ours Polaire a passé beaucoup de temps à fabriquer de la nouvelle poudre à canon – en cas de problème. Il dit : « Le petit Billy tout barbouillé ne serait-il pas content d'être ici ! » Je ne sais pas de quoi il parlait, à moins qu'il s'agisse de ton ours : est-ce qu'il mange de la poudre à canon ?

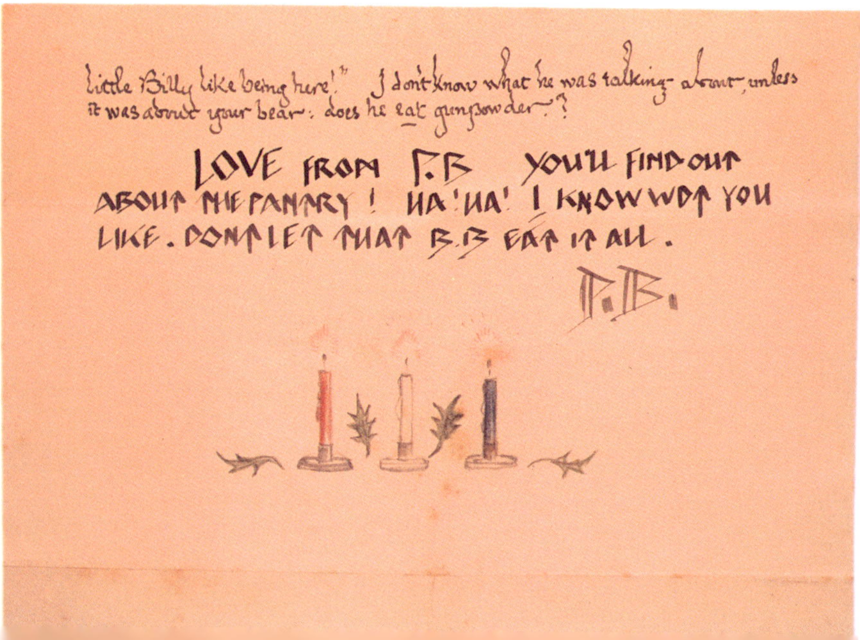
Little Billy like being here!" I don't know what he was talking about, unless it was about your bear: does he eat gunpowder?

LOVE FROM P.B. YOU'LL FIND OUT ABOUT THE PANTRY! HA! HA! I KNOW WOT YOU LIKE. DON'T LET THAT B.B EAT IT ALL.

P.B.

Tu comprendras à propos des provisions ! Ha ! Ha ! Je sais ce ke tu aimes. Ne laisse pas l'Ours Billy tout manger ! Affectueuses pensées de la part de l'Ours Polaire.

Messâge pour l'Ours Billy de la part de l'Ours Polaire : Désolé de n'avoir pas pu t'envoyer une bonne bombe. Toute notre poudre a explosé dans un gros boum. Tu aurais pu voir de quoi a l'air une vrêment bonne explausion. Si tu avais été là.

1943.

Maison de la Falaise, Pôle Nord, Noël 1943

Ma chère Priscilla,

Un très joyeux Noël ! Je suppose que tu vas suspendre ton bas encore une fois : je l'espère car j'ai encore quelques petites choses pour toi. Après quoi je devrai dire « au revoir », plus ou moins : mais je ne t'oublierai pas. Nous conservons toujours les numéros de nos vieux amis et leurs lettres ; et plus tard nous espérons revenir quand ils sont grands et quand ils ont leur propre maison et des enfants.

Mes messagers me disent que les gens qualifient cette année de « sinistre ». Je pense qu'ils veulent dire triste : et c'est vrai, je le crains, en de très nombreux endroits où j'aimais particulièrement aller ; mais je suis très heureux d'apprendre que tu n'es pas encore vraiment triste. Ne le sois pas ! Je suis toujours très vivant, et je reviendrai encore bientôt, aussi joyeux que d'ordinaire. Il n'y a pas eu de dégâts dans mon pays ; et quoique mes réserves aient bien diminué j'espère bientôt arranger ça.

L'Ours Polaire – trop « fatigué » pour écrire lui-même (c'est ce qu'il dit) –

Je le suis, vrêment !

t'envoie un message spécial : ses affectueuses pensées et un câlin ! Il dit : demandez si elle a toujours un ours appelé Billy le Bêta (ou quelque chose de proche) ou est-il usé jusqu'à la corde ?

Embrasse les autres pour moi : John, Michael et Christopher – et bien entendu tous tes animaux domestiques dont tu me parlais souvent. L'Ours Polaire et les oursons se portent très bien. Ils ont été très gentils cette année et n'ont pas vraiment eu le temps de faire de bêtises.

J'espère que tu trouveras la plupart des cadeaux que tu souhaitais et je suis très désolé de ne plus avoir de « Langues de Chats ». Mais je t'ai envoyé presque tous les livres que tu m'as demandés. J'espère que ton bas aura l'air bien plein !!!

Toutes les affectueuses pensées de ton vieil ami, Père Noël.

A Merry Christmas.

Composé par Nord Compo
à Villeneuve-d'Ascq (Nord)

Imprimé en France
sur les presses de la Nouvelle Imprimerie Laballery
58500 Clamecy
en octobre 2010

POCKET – 12, avenue d'Italie – 75627 Paris cedex 13

N° d'impression : 009404
Dépôt légal : novembre 2010
S20000/01